「仕組み」仕事術

最少の時間と労力で
最大の成果を出す

泉正人

Discover

「仕組み」仕事術

最少の時間と労力で
最大の成果を出す

はじめに

・毎日仕事に追われている
・重要な仕事になかなか手をつけられない
・部下が、決めたルール通りに動かない
・自分の時間をつくることができない

あなたは、日々の仕事を振り返って、このように感じることはありませんか?

実は、今から7年前のこと。
私はこれらの壁にぶつかっていました。

当時の私は、３つの会社を経営し、
毎日、３人でこなしても終わらないような量の仕事をひとりで抱え、
朝6時から夜12時過ぎまで働いているにも関わらず、
毎日毎日、やらなくてはいけない仕事が増えて、
ついに体調を崩し、倒れてしまったのです。

「いつになったら楽になるのだろう……」

気の遠くなるような量の仕事に悩みながらも、私は考えました。

・どうすれば効率よく、楽に仕事ができるのか？
・楽しい仕事だけをしたい
・自分の仕事を、部下がやっても同じ成果が出るようにしたい
・開いた時間を将来の成長のためにあてたい

そのように考えた結果、
私は**「自分に『仕組み』をつくろう！」**と思ったのです。

仕事に追われて身体をこわした危機感から、
私は意識して仕事を「仕組み化」していくようになりました。
その結果、どんどん仕事が楽になり、そして会社も成長していったのです。

そうして今では、ファイナンシャル教育、商標、不動産、ＩＴ、カフェ等、
５つの会社を経営しながら、本を年間３００冊以上読み、
３人でこなしても終わらないような量の仕事もたったの2時間で処理し、
勉強のためのスクールやセミナーに通い、英会話やゴルフを習い、
毎月海外へ視察旅行や講演にいく時間もつくることができるようになりました。

そして経営する会社では、
ルーチンワークはシステムで業務を回し、

社員の仕事管理も各自で行うことができるようになり、
入社したばかりのスタッフも即戦力となり、
売上げも利益も増加し続けているのです。

≫「仕組み」をつくれば、誰もが成果を出せる

「仕組み」とは、
「誰が、いつ、何度やっても、同じ成果が出せるシステム」のことを言います。

この「仕組み」仕事術には、
才能や意志の強さはまったく関係ありません。
あなたや部下の学歴や性別も関係ありません。
面倒くさがり屋でも、集中力が無くても関係ありません。
そしてお金も必要ありません。

「仕組み」づくりとは、一定のルールに従うだけで、
誰がやっても成果の出せるノウハウなのです。

≫自分を「仕組み化」するメリット

私の行動、そして現在行っている会社経営は、
すべて「仕組み」で動いているといっても過言ではありません。

自分や会社、そして業務を「仕組み化」するメリットとして、
誰もが安定した成果を出せるようになり、
そして会社が安定し、スタッフも安心して仕事に取り組めるということです。

「仕組み」もなく、社長や上司が営業や資金繰りで日々飛び回っている会社は、
社員も安心して仕事ができません。
次の職場を探したり、仕事以外のことに頭を使ってしまい、

会社が発展しなくなってしまうという事態に陥ってしまうのです。

では、具体的にどうすればいいのでしょうか？

成果の出る「仕組み」仕事術のノウハウを、この本では惜しみなくお伝えしていきます。

そして本書の目的はズバリ、

「あなたの仕事を楽にする『仕組み化』のノウハウを、今すぐ身につける」

ということです。

第1章では、「仕組みとは何か？」ということをお伝えします。

また「仕組み化」がとくに効果的な仕事は何かについてもお話しします。

第2章では、仕事を徹底的に効率化する「仕組み化」のツールをご紹介します。

実際に使っているシートを例に、入社したての社員でも同じ結果を出せるノウハウです。

第3章では、「仕組み」で自分を動かすノウハウをお伝えします。これを使って、私はそれまで一日かかっていたルーチンワークを2時間で終わらせています。

第4章では、「仕組み」で考える人の7つの習慣をお伝えし、第5章では、「仕組み」仕事術を使って得られるストレスのない生活や、仕事が楽しくなる発想、そして私が仕事を「仕組み化」したおかげで得られた「生きた時間」のストーリーをお話しいたします。

ぜひあなたも、私が実際に行ってきた本書のノウハウを使い、仕事を「仕組み化」し、その「仕組み」によって目標を実現させてください。

この本が、あなたの成長の手助けになれれば幸いです。

STRUCTURE CONTENTS

STAGE___02

「仕組み化」が必要な仕事と、そうでない仕事

STAGE___03

自分の仕事に「仕組み」をつくる

STRUCTURE PART_2

「作業系」の仕事を徹底的に効率化する

STAGE___01 チェックシートを徹底活用しよう

STAGE___02 仕事の内容と手順をチェックシート化する

STRUCTURE PART_3

あらゆるタスクを一元管理する

STAGE___01

データ管理の基本をおさえよう

STAGE___02

TO DOリストを使って、あらゆるタスクを一元管理

STAGE___03

一日かかっていた仕事が2時間で終わる！「考えない」仕事術

STAGE___04

メール処理に「仕組み」をつくる

STRUCTURE LAST

「仕組み」仕事術が目指すもの

あとがき

PART___ 1

「仕組み」が
あなたの仕事を
変える

STAGE___

01

なぜ「仕組み」が必要なのか

CASE_1

達人シェフのつくる絶品ハンバーグ

ある街に、おいしいハンバーグを出すレストラン「ビッグ」があります。住宅街にあって、十数人も入れば満席になってしまう小さな店です。

この店には腕利きの達人シェフがいて、彼がフライパンをふるうと、中身はほどよくジューシーで、表面には香ばしく焦げ目のついたハンバーグが焼きあがります。これが絶品の味わいで、私のような素人が家でやろうとしても、とても同じようにはできません。

「ビッグ」には、この達人シェフのほかにもうひとり若い料理人がいます。ふたりは週の半分を交代で厨房を担当していますが、若い料理人は、達人のように上手にハンバーグを焼くことはできません。達人はたまに若い料理人を指導していますが、それでもなかなか同じレベルには届かないようです。

シェフのほかに、ホール係として数人のパートさんが交代で務めています。なかにはよく気のまわる、客あしらいの上手なベテランもいるのですが、人によっては、お冷やを出すのを忘れたり、後から注文した客に先に料理をだしてしまったりなど、接客の技術にはずいぶん個人差があります。オーナーは気づいたときに注意をしてはいるものの、基本的にはパートさんそれぞれのやり方にまかせているようです。

達人のハンバーグが評判をよんで、「ビッグ」はそれなりに繁盛しています。ただ現状では、それ以上に店の規模を拡大したり、店舗を増やしたりすることは難しそうです。

一方、同じ街の駅の近くに、ファミリー向けのレストラン「キッチンスマート」があります。

「キッチンスマート」には、先ほどのような達人シェフはいません。それどころか、調理を担当するのは主に学生アルバイトです。ですからハンバーグの味も、達人の店にはかないません。

しかしこの店では、誰が調理場に立っても同じ味になるよう、マニュアルがつくられています。調理担当になったアルバイトは研修をしっかり受けて、調理の手順やコツを教わっています。

ホール係にも、同じようにマニュアルがあります。とりわけ愛想良く客に接するスタッフもいますが、そうでないアルバイトの人たちも、総じていつもてきぱきと動き回っています。

「キッチンスマート」は、近隣のエリアに順調に店舗を増やしています。

この2軒のレストランについて、皆さんはどのように感じましたか?

「レストラン『ビッグ』はもったいない。もっと指導をちゃんとすればいいのに」

と思われる方もいるでしょう。あるいはグルメの方なら、こういう感想を持たれるかもしれません。

「でも、達人のハンバーグを食べてみたい。ファミレスは所詮ファミレス」

私も食べることは好きなので気持ちはよくわかりますが、しかし、「一度行ってみたい」とは思っても、その後、「また行きたい」「今度は同僚や知り合いを連れていこう」となるかというと、それはまた別の話です。

さらにこの話には、後日談があります。「ビッグ」の達人シェフは、しばらくしてなんと、レストラン「キッチンスマート」に転職してしまったのです。

そうなると世間は厳しいもので、「ビッグ」からはすぐに客足が遠のき、閑古鳥が鳴くようになりました。いっぽう「キッチンスマート」は、**達人シェフのハンバーグを、学生でもつくれる簡単なレシピに落としこみ、「達人の味・絶品ハンバーグ」としてさっそくすべての店舗のメニューに入れました。**今では「キッチンスマート」の人気料理のひとつになっています。

ビジネスとは、なかなかシビアなものですね。

CASE_2 優秀な人間にまかせておけば大丈夫？

次は、私の両親に実際に起きた話です。

私の父親は事業をしていて、母親がそれを手伝っていました。母はもともと数字にかかわる仕事をしていたこともあり、とくに財務・経理の実務に関しては母がすべてを把握し、切り盛りをしていました。

母はとても元気で健康でしたが、しかしある日いつものようにプールで泳いでいるとき、突然脳出血を起こしてしまいました。母は病院に運ばれて、意識をなくしたまま約2週間後に亡くなりました。

母を亡くした悲しみに暮れる間もなく、父には大きな現実的な問題が待ちかまえていました。それは、経理の業務がどのように動いていたか、まったくわからないということです。

「どういう流れでお金がまわっているか」

「どこに、何を、いつ、いくら振り込むか」

そういったことは、すべて母の頭の中にしか残っていませんでした。結局、父の事業は、母親の能力に頼りきりだったのです。

もちろん伝票や帳簿は残っていましたが、それだけを手がかりに、そこからすぐに誰か他の人に引き継げるかというと、なかなかそうもいきません。最終的には私が父を手伝い、帳簿管理や業務フローの全面的な洗い出しを行ったのですが、会計士の友人たちの力を借りるなど、ひたすら大変な作業でした。

人間に絶対はありません。病気や退職、プライベートな事情など、何らかの理由で急に仕事ができなくなることは、誰にでもあり得る話です。そのとき、その人が現場からいなくなった途端に何もまわらなくなるようでは、困ってしまいます。

父の事業で問題だったのは、経理実務において母の能力に頼りきりで、**何かがあったときに他の誰かが対応できる「仕組み」をつくっていなかったことです**。これは、先ほどのレストラン「ビッグ」にも同じことがいえます。

CASE_3 長時間仕事をしている自分はスゴイ？

今から7年ほど前の私（筆者）は、経営者として「やること」を増やしすぎて、日々、朝6時から夜12時まで仕事をしていました。

経営する会社に毎日顔を出して、たくさんの書類に印をついてはそのつど担当者にやるべきことを指示し、途中で業務の進め方について質問されたらつきっきりで教え、取引先から出入金について問い合わせがあれば帳簿をあわててひっくり返し、どこかでトラブルが起きたらあわてて自ら現場にむかい……。

一日が終わる頃には、当然、全身くたくたです。でも、そこで倒れたり休んだりしたら、すべての仕事が止まってしまう。そう考えたら、走りつづけるしかありませんでした。

いま考えると、「長時間仕事をしている自分はスゴイ」という意識もどこかにあったのでしょう。

しかしあるとき、気がついたのです。**目の前の仕事に追われ、今ある業務をまわすだけで一杯になっていては、新しい仕事を生みだすことができない。**スタッフの教育に力を向け、会社の経営や戦略について頭をはたらかせる時間もとれない。このままでは近い将来、会社も、自分自身もまわらなくなる、ということに。

その危機感から、私は仕事のスタイルを切り替えることにしました。

以後、私は毎朝6時に起床し、その日の決まった業務をたいてい朝8時には終わらせるようになりました。それから昼食までの数時間は、「自己研鑽の時間」と決めて、金融の勉強をしたり、英会話レッスンを受けたり、スポーツジムに通ったり、投資関連書籍やビジネス書などを読んだりしています。ランチや午後の時間帯には、優秀な経営者や投資家の方にお会いしてお話を伺うこともあれば、ゆっくり新規事業のアイディアに思いをめぐらせる時間に充てることもあります。

夜は経営者としての付き合いもあり、パーティーや会合に顔を出すことが多いですが、そうでない日は夕方6時くらいまでに家に帰り、プライベートの時間を楽しみます。

最近では毎月のように、講演や視察のために海外出張に出かけます。私が出かけているあいだ、会社は基本的にスタッフにまかせています。たとえば先日、米国に3週間ほど出張していましたが、私がいなくても、日々の業務は問題なくまわっています。

慢性的に自転車操業状態が続き、目の前の仕事にあくせくするばかりで、先のことを考える余裕を失っていた私。

かたや、ゆっくり余裕をもって仕事をこなしながら、自由な時間をじゅうぶんに確保して、それを自分や会社の将来のために投資している私。

その違いは、いったいどこにあるのでしょう？

できすぎていると思われるかもしれません。しかしこれは現実の話です。

「そういうことができるのは特別な能力や意志がある人間だけ。自分にはできない」

そんなふうにおっしゃる方もいるでしょう。

しかし、私は自分で言うのもなんですが、たいした才能はなく、要領だってよくありません。強い意志や根性もなければ、集中力もまったく自信なし。気がむかない仕事はさぼってしまいがちです。勤勉か怠け者かと問われたら、圧倒的に後者に入るでしょう。**でも、怠け者だからこそ、毎日の仕事に追われて疲れきっていくばかりの自分をなんとかしたかったのです。**

そこでたどり着いた解決法が、自分に「仕組み」をつくることでした。

個人の才能や努力では越えられない「壁」がある

ここまでの3つの事例をお読みになって、皆さんはどうお感じになりましたか？

○達人シェフのつくる絶品ハンバーグ
○母の優秀な経理能力
○全身くたくたになるまで仕事に没入するエネルギー

これらは、いずれもなくてはならないものです。

料理人はおいしい料理をつくることに、経理担当者は経理面で会社を安定させること

図1_個人の才能や努力だけでは越えられない壁がある

に、経営者は会社を動かすことに、それぞれ責任をもって取り組まねばなりません。皆さんも自分の能力や強みを磨き、その分野で成功するために、日々努力をされていることと思います。

　ただし一方で、自分の努力でできることには、限りがあります。

「ビッグ」で達人シェフがいくら料理の腕を上げても、あるいは、ひとりの優秀なパートの接客態度がすばらしくても、それだけで店がどんどん大きくなるわけではありません。彼らが辞めてしまったら、そこで一から出直しです。

　私の母がどれだけ経理人として能力が高くても、母の頭の中にある業務フローが父や他の人間に共有されていなかったので、事業はたちまち立ちゆかなくなりました。

経営者がどんなに身を粉にして、目の前の仕事にあくせくしても、それだけでは部下の成長には結びつきませんし、将来的に組織を伸ばしていくことにはつながりません。

つまり、個人の才能や努力だけでは乗り越えられない「壁」があるのです。


言いかえれば、それは仕事をしていくうえで、あるいは事業を進め、店や会社を大きくしていくうえで、いつか必ず突き当たる「壁」です。

本書では、その「壁」を越えるために、皆さんの仕事に「仕組み」をつくることを提案したいと思います。

「仕組み」とは「誰が、いつ、何度やっても、同じ成果が出せるシステム」のこと

ここ数年、さまざまな企業や業界で、「仕組みづくりが大切」と言われるようになりました。これを読んでいるあなたも、上司から、「業務を仕組み化しなさい」などとお説教されているかもしれません。

そもそも「仕組み」とは、いったいどういうことでしょうか。私はこう定義しています。「仕組み」とは、**「誰が、いつ、何度やっても、同じ成果が出せるシステム」**のことである、と。

【ケース1】の2軒のレストランにあてはめて考えてみると、よくわかります。「ビッグ」は、せっかく腕のいい達人シェフがいたにもかかわらず、その技術は結局、達人シェフだけのもので終わりました。彼がいなくなったら、店の売上げはたちまち落ち込んでしまいました。

他方、「キッチンスマート」では、達人シェフのハンバーグを、学生アルバイトでも味を再現できるような簡単なレシピに落としこみました。そうすることで、「シェフの味」を「店の味」にすることができたわけです。これこそが「仕組み化」です。

このケースで考えたとき、「仕組み」をつくることのメリットは3つあります。**まずひとつめは、店の料理の味が良くなること。次に、同じく料理の味が安定すること。そしてもうひとつは、達人シェフの才能をより活用できるようになることです。**

どういうことかというと、「仕組み」をつくらないかぎり、達人シェフは看板メニューのハンバーグを毎日繰り返し焼きつづけなければなりません。しかし、他の誰もが同じ味のハンバーグを焼けるようになれば、達人シェフは新メニューの考案や、若い料理人の育成に力を使うことができるようになります。休暇だってとりやすくなりますから、仕事の集中力だって上がるに違いありません。

「仕組み」をつくることによって、仕事は、単調な日々の繰り返しから次のステージへ進むことが可能となるのです。

できるビジネスマンは「仕組み」づくりができる

さて、ここで質問です。「できるビジネスマン」と聞いたとき、皆さんはいったい、どのようなイメージが頭に浮かんできますか?

ものすごい量の仕事を、誰の助けも借りずに、ストイックにバリバリとこなすような、スーパーパワフルなビジネスマンを思い浮かべるかもしれません。それは、半分合っていますが、半分は不正解です。

半分合っているというのは、どんな仕事をするにも、当然のことですが、最低限の能力は必要だということです。そして、もちろん最低限では困るわけで、高ければ高いほどいいのです。これは当たり前ですね。

しかし、能力が高いだけでは「できるビジネスマン」とはいえません。それが、半分不正解ということの意味です。

たとえば、３万円の商材を扱っている販売会社で、毎日コンスタントに10件の契約をとってくる営業マンがいるとします。パーソナルな営業スキルの高さと実績だけ見れば、彼はかなり優秀ということができます。

しかし、自分の営業成績を上げるだけではなく、そのノウハウをマニュアル化するなどの「仕組み」づくりを行って、毎日コンスタントに8件の契約をとれる部下を10人育てている営業マンがいるとしたら、どうでしょう。

自分の能力だけで、毎日30万円を売り上げる営業マン。

自分が営業に出なくても毎日２４０万円を売り上げる「仕組み」をつくった営業マン。

図2_同じ能力を持っていても……

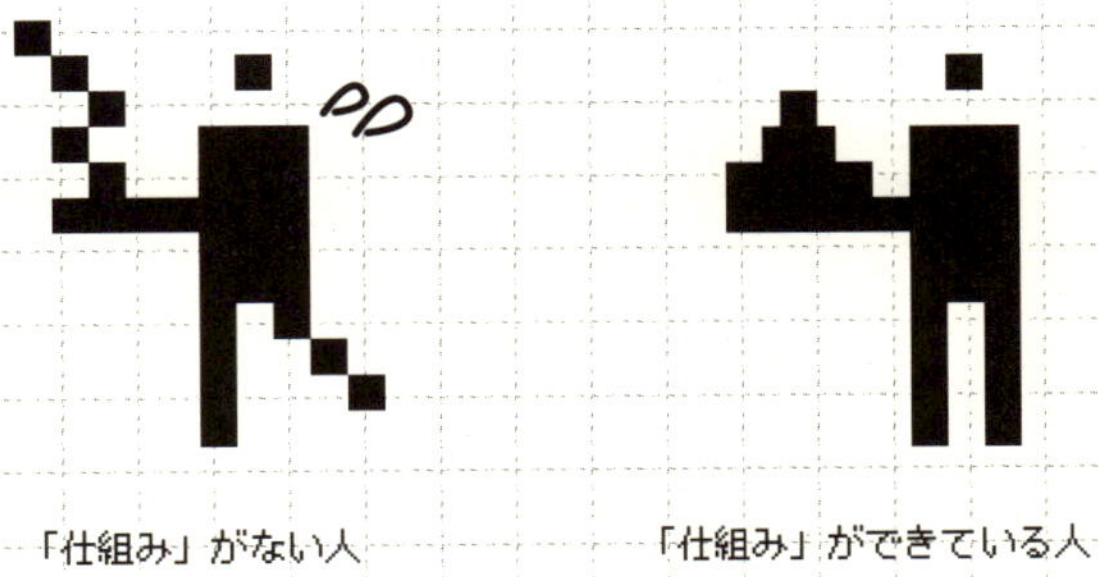

どちらが本当に「できる営業マン」でしょうか。言うまでもありませんね。

①高い能力を身につけていること

②そして、それを「仕組み」にすることができること

この2点を兼ね備えていることが、現代の「できるビジネスマン」の条件なのです。

STAGE___
02

「仕組み化」が必要な仕事と、そうでない仕事

本書で皆さんにご提案したいのは、仕事に「仕組み」をつくることです。**ただし、あらゆる仕事が「仕組み化」できるかというと、そうではありません。**「仕組み化」が必要な仕事と、そうでない仕事があります。

最小限の時間と労力で最大の成果を得るためには、どのような仕事に、どのように「仕組み」をつくるべきなのでしょうか。本項では、そのことについて考えてみましょう。

「作業系」と「考える系」

日々、皆さんが行っている仕事は、大きくふたつに分けることができます。

本書ではこのふたつをそれぞれ、「作業系」「考える系」と名づけます。

▼「作業系」の仕事……頭を使わないで処理できる仕事。手や身体を動かすなど行動をともなう実務作業。ルーチンワークであることが多い。

例）書類作成、帳簿作成、会議の準備・議事進行、机の片づけ、等々。

▼「考える系」の仕事……頭を使って考える必要がある仕事。知的作業。

例）新規事業のプランニング、企画立案、原稿執筆、経営戦略、人事考課、等々。

このような視点で、皆さんの一日の仕事を見直してみましょう。業種や職種、ポジションによって多少の差はありますが、たいていのビジネスマンは、仕事をしている時間の7〜8割を「作業系」に費やしている、というのが私の実感です。

そして、**「作業系」の仕事にこそ「仕組み」づくりが有効です**。「仕組み」によって、時間と労力の徹底的な効率化をはかるのです。

一方で「考える系」の仕事には、時間と労力を費やすべきです。なぜなら、その「考える系」の仕事から生まれた新規事業等が、将来の成果になっていくからです。「作業系」

の仕事だけでは、自分も会社も成長していきません。

そのためにも、「作業系」の仕事を「仕組み化」することで捻出した時間を、「考える系」の仕事にあてるのです。

◆「面倒くさい」の使い分け

仕事に「仕組み」をつくろうとするとき、じつは「面倒くさい」という感情が大切なのではないかと思います。

簡単に言ってしまえば、「面倒くさいことは、徹底的に楽にやることを追求する」。

一見ネガティブにも聞こえますが、この考え方は「仕組み化」を考える上で重要です。

「面倒くさい」という意味について、もう少し説明しましょう。「面倒くさい」にも2種類あります。

頭で考える必要のある、つまり「考える系」の面倒くさいことは進んで行う。

頭で考える必要のない、つまり「作業系」の面倒くさいことは徹底的に楽をする。

図3_「考える系」より「作業系」のほうがラク？

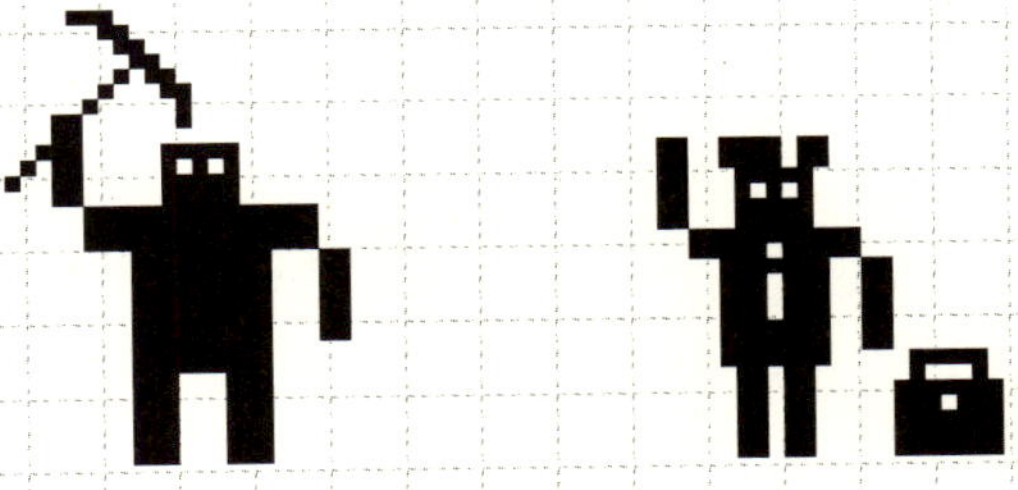

「考える系」の面倒くさいことに関しては、それがどんなに面倒でも、私たちは積極的に取り組んでいかなければなりません。ひたすら頭を使い考えること――それこそが、高度に情報化された現代のビジネスシーンを勝ち抜く、唯一の手段だからです。

一方で「作業系」の面倒くさいことは、いかに手間や時間をかけずにすますかを考え、できるかぎり効率化をはかるべきです。

ただし、ここに意外な落とし穴があります。というのは、往々にして「考える系」の面倒よりも「作業系」の面倒のほうが頭を使わなくていいことが多いため、人は前者を避けて、後者を選んでしまいがちなのです。

○新しい企画を考えるのは面倒だから、まず目の前の仕事を片づけよう。
○今の会議の進め方には無駄が多いけど、違うやり方を考えるのは面倒くさいから、前回までのやり方と同じでいいや。

このように「考える系」の仕事を面倒くさがって先送りにしたり、「作業系」の仕事にばかり逃げ込んだりするビジネスマンは、案外多いのです。

❖「頭で考えること」に、ひたすら時間と労力をかける

また、こんな「面倒くささ」もあります。

「部下にやり方を説明するのは面倒くさいから、自分でやってしまおう」

これも、危険な考え方です。

「作業系」の仕事はふつう、誰か他の人に頼むよりも、自分でやってしまうほうが早くて

楽なことが多い、それは確かです。なぜなら、他人は自分が思ったとおりには動いてくれないからです。他人を自分の代わりに動かすには、自分が動くことの何倍ものスキルや労力が必要となります。だから面倒くさくなって、自分で何でもやってしまうのです。

しかし、【ケース1】の達人シェフの例を思い出してください。**どんなにスピーディに手や身体を動かして、休日返上でがんばったとしても、自分で焼けるハンバーグの数には限りがあります。**

それよりも、「仕組み化」することで、他の人でも同じように再現できる「作業系」の仕事はできるかぎり人にまかせて、そのぶん自分は新しいレシピを考えたり、お客様に喜んでもらうために何ができるかを思案するなど「考える系」の仕事に時間を割くようにします。そうすれば、自分で延々とルーチンワークを続けた場合とくらべて、数十倍、いや数百倍の成果を生みだしていくことが可能になります。

中小ベンチャー企業を対象に人材コンサルティング事業を展開し、自らもカリスマコンサルタントとして経営者や学生から絶大な支持を集める、ワイキューブ代表取締役の安田佳生さんは、ベストセラー『千円札は拾うな。』（サンマーク出版）でこう書いています。

> 優秀な人にたくさんの仕事をさせてしまうと、その人が持つ最も大切な能力が発揮されなくなってしまう。その最も大切な能力とは、「新しいものを生み出す能力」である。優秀でない人は、暇になれば暇なだけで終わってしまうが、優秀な人というのは、暇な時間ができると、意識的に、あるいは無意識のうちに、それを「考える時間」にあて、そして実際、必ず何か新しいものを生み出す。優秀な人に「自由な時間」を与えるほど効率のいい戦略はない。

だからこそビジネスの世界において、さらに上を目指そうと考えている人は、**単純作業やルーチンワークなど頭を使わないですむ仕事には「仕組み」を徹底してつくることで、効率化させたり、人にまかせたりします**。

そして、そうやって捻出した時間と労力を、ひたすら「頭で考えること」に振り向けるのです。

コミュニケーションをともなう仕事にも「仕組み」をつくる

日常の仕事を分類するとき、もうひとつ別の視点もあります。それは、「コミュニケーションをともなう仕事」かどうか、という視点です。たとえば営業や接客の仕事がそれにあたります。またオフィスワークでも、来客応対、電話やメールのやりとり、あるいは面接などはコミュニケーションを必要とします。

コミュニケーションそのものは相手あってのものだから、「仕組み化」は難しい……そんなふうに思われるかもしれません。確かに、会話の内容そのものに「仕組み」をつくることは困難でしょう。

しかし、コミュニケーションにかかわるさまざまな行動には、実は「仕組み化」できることはたくさんあります。営業準備、セールストークの組み立て、お客様を迎えて最後にお見送りするまでの一連の手順、面接で相手に聞く内容、などなど。

これらを「仕組み化」することで、コミュニケーションで交わされる話の内容そのものに集中できるようになります。

STAGE___
03

自分の仕事に「仕組み」をつくる

自分の仕事に「仕組み」をつくるとは、具体的にはどのようなことでしょうか？　ここでは2つの考え方をご紹介しましょう。

成功体験を「仕組み化」する

プレゼンテーションが苦手な人がいるとします。会議や発表ごとがあるたびに、さまざまな資料を準備したり、話し方を変えたりしていたのですが、なかなかうまくいきません。しかしある日、とても手応えのあるプレゼンをすることができました。

そこで、「今日はたまたまうまくいった。よかった！」で終わらせてはいけません。なぜ今日はうまくいったのか、その理由を分析します。

どんな服装をしていたか、本編に費やした時間は何分だったたか、パワーポイントの資料は今までとどこが違ったたか、聴衆にどんなジョークが受けたか……このように、うまくいったときのやり方をデータとして取っておくことが、成功体験を「仕組み化」する第一歩です。これをもとに、自分に合ったプレゼンのパターンをつくりあげれば、次からは安心してプレゼンにのぞむことができます。

もし次に今回ほどうまくいかなかったとしても、そのときはまた「仕組み」を改良していけばいいのです。**ポイントは、そのつどゼロから始める無駄をなくすことです。**

ルーチンワークを「仕組み化」する

皆さんは旅行に出るとき、何を持っていきますか？　ＰＣの電源、携帯の充電器、下着×日分、海外だったらパスポート、変圧器……。

年に一度の楽しいバカンスなら、ひとつひとつ吟味しながらスーツケースに詰めていくのも楽しい作業です。しかし、忙しい仕事の合間の出張準備で「何を持っていこうか？」「あれはどこに置いたっけ？」といちいち頭を悩ませるのは、時間の無駄です。

私自身、仕事で出張することが大変多いので、ＰＣで次ページのようなメモをつくっておいて、出張のたびにこれをプリントアウトしてチェックシートにしています。

項目の横の□にレ点でチェックしていけば、自動的に持っていくものが揃います。これがあれば忘れものはありませんし、何より頭も時間も使わずに出張準備ができます。これも「仕組み」のひとつです。

何度も繰り返しますが、**「考えなくてもいいこと」にわざわざ頭を使う必要はないのです**。そのために、私は「仕組み」を活用しています。

図 4_ 出張のときにもっていく荷物のチェックシート

[国内・海外共通]

- □ PC電源
- □ 携帯電源
- □ ノートパソコン
- □ カメラ
- □ カメラ充電器（長い旅行の場合）
- □ マイレージカード（JAL・ANA・ノース）
- □ ○○銀行キャッシュカード
- □ アメックスクレジットカード
- □ Tシャツ　×　　日分
- □ パンツ　×　　日分
- □ 靴下　×　　日分
- □ ジャケット
- □ シャツ
- □ パジャマズボン
- □ パジャマ上着
- □ サングラス
- □ 腕時計
- □ 英語教材（DVD・本・翻訳メモ）
- □ 本たくさん
- □ レストラン情報・スポットをプリントアウトする

[海外]

- □ パスポート
- □ 変圧器
- □ ××BANKキャッシュカード

「時間をいかに有効に活用するか」は、ビジネスマンにとって永遠の課題

「時間がない」「時間さえあれば、もっとうまくいくのに……」

多くの人が口ぐせのようにつぶやく言葉です。「猫の手も借りたい」というように、忙しい現代の日本で日々仕事をしていくうえでの最大のハードルは、「時間がないこと」ではないでしょうか?

人に平等に与えられたものは時間である。時間の有効な使い方を知らないと大きな成功は難しい。

これは、リクルートグループの創業者として有名な江副浩正さんの言葉です(『リクルートのDNA』角川oneテーマ21)。また、日本マクドナルドや日本トイザらスを創業し、起業家の草分けとして知られる藤田田さんも、『Den Fujitaの商法〈3〉金持ちラッパの吹き方』(ベストセラーズ)でこう語っています。

「ノウハウ」とは「時間の使い方」だと解釈している。時間をいかに有効に使うかが「ノウハウ」なのである。

日本のビジネスの歴史をつくってきたこのおふた方の言葉をまつまでもなく、仕事をいかに効率化するかということは、仕事をする人にとって永遠の課題といえます。

といっても、人間に与えられた時間は、一日二十四時間。生まれたときから誰でも平等です。どんなに仕事ができる人でも、それを増やすことは不可能です。**お金とちがって、時間の貯金や相続はできないのです。**

しかし、「仕組み」を取り入れて、仕事の進め方や時間の使い方を工夫することで、時間の質を変えることは可能となります。

「仕組み」で日常業務を効率化する

私も今から7年ほど前まで、毎日のように朝6時から夜12時まで仕事をして、それでも

「まだまだ時間が足りない」とこぼしている……そんな時期がありました。

明らかにオーバーワークでしたが、それでもその状態を止めることができなかったのは、【ケース3】にも書いたように、経営者として止まることが怖かったから、そして同時に、どこかで「長時間仕事をしている自分はスゴイ」という気持ちがあったのだと思います。

しかし、そんな仕事のやり方に限界を感じた私は、仕事に「仕組み」をつくることに取り組みました。具体的には、**それまで朝から晩までのべつまくなしに行っていた「作業系」のタスクを、朝の数時間に集中して片づけるようにしました。また、「自分にしかできない」と思っていた仕事を、どんどん人にまかせるようにしたのです。**

それによるメリットは数えきれないほどですが、大きく2つ挙げることができます。

①ワークスタイルが変わった

それまで一日の大半を費やしていた日常業務や書類整理といった仕事を「仕組み化」し、朝のうちに短時間で終わらせることで、結果的に多くの時間と労力を新しい仕事に向けることができました。

図5_自分の仕事に「仕組み」をつくることで……

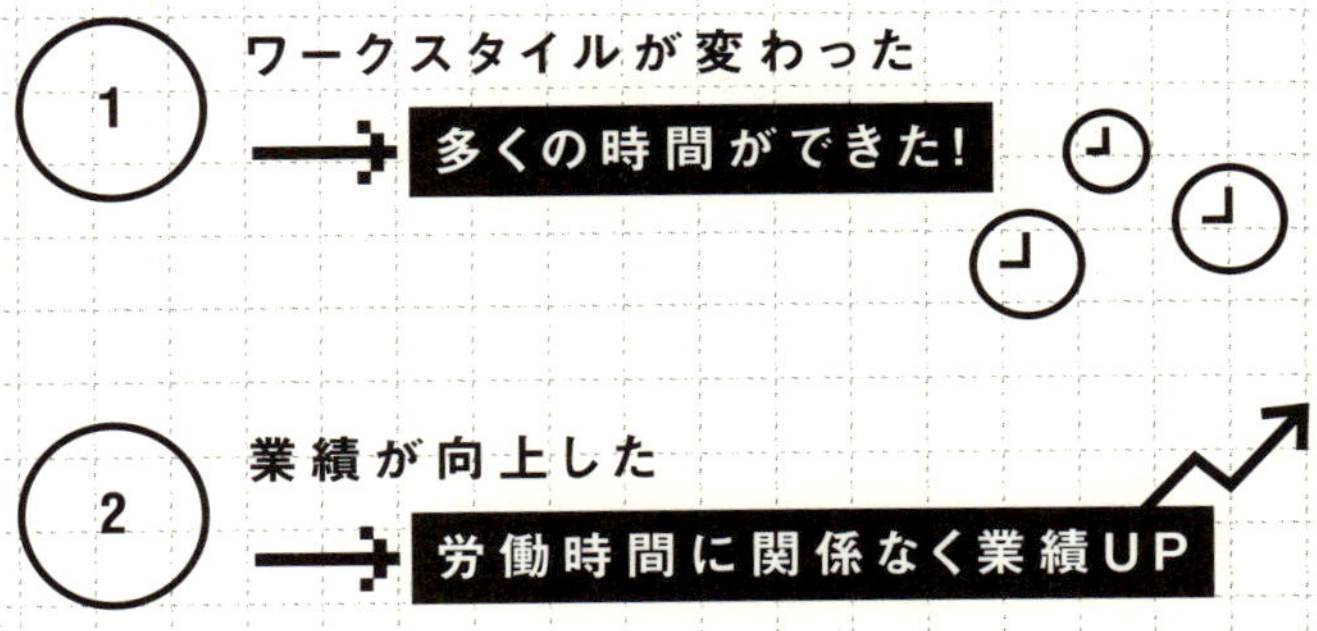
1
ワークスタイルが変わった
多くの時間ができた！
2
業績が向上した
労働時間に関係なく業績UP

また、そのぶん社外の人に会う機会も増え、同時に、休みをとって趣味のサーフィンやゴルフ、習い事にまで行けるようになりました。海外出張に出かけるだけの時間的余裕もできました。そうした時間は、日々の仕事の充実というかたちで還元されます。

②業績が上昇した

仕事を「仕組み化」することで、時間の効率が良くなっただけではなく、業績が劇的に良くなりました。

「良くなった」というのは具体的にどういうことかというと、それまでは「労働時間＝業績」すなわち、たくさん仕事をしたらそれだけ売上げが立ち、しなかったら途端に収入が激減という状態だったのが、「仕組み」をつくることにより、労働時間に関係なく業績が安定し向上し続けるようになった、ということです。

「労働時間＝業績」からの脱却

仕事にはできるだけたくさんの時間をかけたほうが、より良い結果を得られる――そのように考えているビジネスマンは、まだ多いようです。だからこそ、朝から晩までＰＣに向かって数字をにらみつけていたり、結論の出ない長い会議を繰り返したりしているのかもしれません。経営者も同様です。売上げを増やすために、従業員にできるかぎり長い時間働かせようとするわけです。しかし、よく考えれば、その理屈は正しくありません。

もちろん営業部門やサービス業のように、仕事量を増やせばそれが売上げ増に直結する業務・業種であれば、たくさん働くことに意味があります（ただし、その場合でも効率を考える必要はあります）。

しかし、そうではない総務や人事部門、あるいは同じ営業部門であっても管理や事務といった、**時間をいくらかけても売上げ増には直結しない業務に関しては、むしろ「仕組み**

化」することで効率化をはかり、かけるコストを最小限にしていくべきです。

また、仕事量が売上げ増に直結する前者の業務であっても、むやみに仕事を詰めこみ、作業量を増やすばかりでは、集中力やモチベーションの低下につながります。やはり「仕組み」をつくり、できるところから徹底的に効率化していくことには、大きな意味があります。

「仕組み」づくりは、将来の自分の時間への投資

「仕組みを一生懸命考えている時間があったら、仕事をさっさと片づけたほうが早い」

それも一理あります。実際、きちんと使える「仕組み」をつくろうと思ったら、そのときは、「仕組みをつくる」という仕事がひとつ増えることになりますから、ただその仕事をこなすだけよりも、余計な時間と手間がかかることは確かです。

そんなときは、こう考えるといいでしょう。**「ここで仕組みをつくっておくことで、後でどれだけ楽できるか」**

図6_「仕組み」づくりは、将来の自分の時間への投資

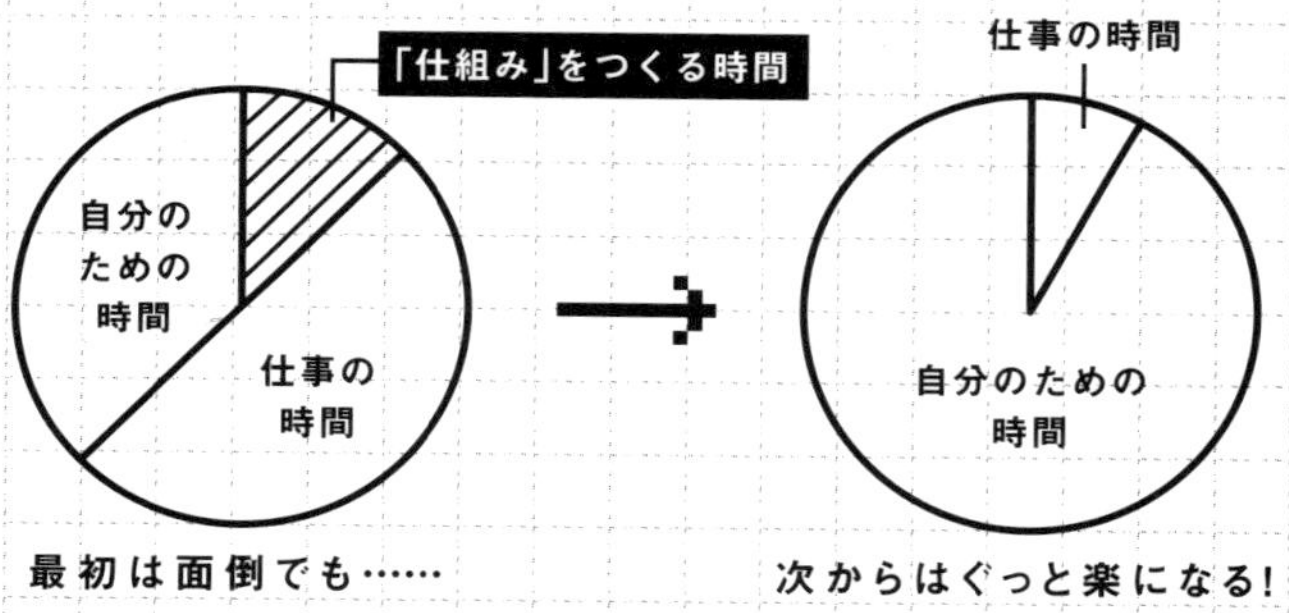

たとえばあなたがマネジャーだとして、社内文書の提出先を一覧表にして、さらに提出の流れをチェックシート形式にまとめておけば、次からはいちいち頭をはたらかせることなしに、流れ作業として書類を提出できるようになります。そうなれば、自分の書類管理が楽になるだけでなく、部下に聞かれたときに、いちいち説明する手間がなくなります。

また、ミーティングの司会を命じられたときに、わかりやすい議事進行マニュアルを作成すれば、次から同じ仕事を同僚や部下にまかせることができますから、それによってあなたの仕事がひとつ減るほか、ミーティング自体の質も上がることになるでしょう。

このように、「仕組み」をつくることは、将来の自分の時間への投資と考えることができます。

忙しいときこそ、成長するチャンス

私の場合は、もう少し切実な状況がありました。

いっとき会社の経営が苦しくなり、その月末には資金がショートする状態に陥ったことがあったのです。今しなければならないことは何か、優先順位をつけて、必要なことにきちんと取り組まなければ倒産する……そうした危機感から、私は初めて切実に「仕組み化」の必要を感じ、「するべきこと（ＴＯ ＤＯ）」をリストにまとめてチェックシートを作成しました。

50万部を超えるベストセラーとなった「レバレッジ」シリーズで知られる本田直之さんは、『レバレッジ時間術』（幻冬舎新書）で、次のように書いています。

問題なのは、「忙しい」＝「これ以上は何もできない」と思い込んでしまうことです。つまり、効率化する努力を放棄して、勝手に自分の限界を引き下げてしまうわけです。

そこで、もし「忙しい」と自認している人がいれば、ぜひ冷静に自問してみてください。その忙しさは、成功している企業の経営者を凌ぐほどでしょうか。あるいは一国の大統領や首相より時間に追われているでしょうか。そう考えれば、「自分なんかまだまだ甘い」ことがよく分かります。

世の中で成功を収めている人は、限られた時間の中で、いかに成果を出すかを突き詰めて追求している。だからブレイクスルーができるのです。

私の感覚で言えば、人が「忙しい」と感じるとき、まだ一〇倍程度の仕事はこなせると思います。かつて私がアメリカのビジネススクールで経験したように、信じられないほど膨大な課題に直面しても、考え方さえ変えることができれば、誰でも相応にクリアできるようになるものなのです。

「考え方を変える」こと、それがつまり「仕組み」をつくることの第一歩であるということ

とができます。「仕組み」をつくることで、仕事の処理能力が飛躍的に高まり、結果として、仕事は次のステージに進むことができます。忙しいときこそ、成長のチャンスなのです。

STAGE___

04

「仕組み」でチームを動かす

「仕組み」さえできあがっていれば、誰が、いつ、何度やっても、同じように効率的に仕事を進められるようになります。これは自分の仕事に関しても、人を動かすマネジメントに関しても、それぞれ言えることです。

マネジャーでも、あるいは会社に入って間もない新人ビジネスマンであっても、それぞれのステージに見合った「仕組み」があります。

マネジャーに必要な「仕組み」づくり

仕事をしていると、いずれ部下を持つようになり、管理職として責任をもってチームをまとめる立場になっていきます。

そんなマネジャーに求められるのは、「自分の能力」だけを全開にして仕事をバリバリとやっつけていくことではありません。それよりも、**「他人の能力」を信頼してまかせられるようになること――それこそが、人を動かす立場にあるビジネスマンにとって必要なスキルです。**

他人にまかせることは、自分ひとりでやるよりもずっと難しいといえます。のみ込みの悪い部下に仕事の手順やコツを一生懸命教えながら、「本当は自分でやったほうが早いのに！」と内心イライラしてしまうことだってあるでしょう。

そこで有効なのが、「仕組み」をつくることです。部下のスキルが特に高かったり、器用だったりしなくても、それに従って身体を動かすだけでしっかり結果が出せるような「仕組み」づくりです。

もう少しいえば、マネジャーになったら、部下や同僚に仕事をまかせるときに、「やっておいて」と言うだけでは不十分です。**彼らがその仕事を問題なく実行できるような「仕組み」をつくって、そのうえで仕事をまかせなくてはなりません。**それがマネジャーに与えられた役割なのです。

少し話はそれますが、多くの人は管理職になり部下ができると、「人を管理するのは苦手」「上司らしく振る舞うにはどうすればいいかわからない」などと戸惑いを感じるようです。それまでは自分の仕事に専念していればよかったのに、いきなり「部下を指導するように」と言われても困ってしまうというのは、無理からぬことでしょう。

私はこう考えます。上司として部下を指導する立場になったからといって、急に部下の全人格を理解することはできませんし、また無理やりコミュニケーションの達人になる必要もないのです。

それよりも**上司が部下に、そしてチームに対してやるべきことは、まず部下やチーム全体が働きやすくなるための「仕組み」づくり**なのです。

株式会社武蔵野の代表取締役の小山昇さんは、著書『儲かる仕組みをつくりなさい』（河出書房新社）でこうおっしゃっています。

管理職の中には、「マネジメントとは人を管理することだ」ととらえている人が多くいます。しかしそれは誤りです。「人の管理」と考えると、自然とその人物を好き

か嫌いかで判断・評価してしまうからです。（中略）

では、管理職は何を管理すべきなのか。仕事です。これなら好き嫌いは関係ありません。だから仕事の管理をすればするほど、組織は明るくなります。

新人や若手ビジネスマンに必要なのは「成功者の真似」

この本を読んでくださっている読者の皆さんのなかには、まだ経験の少ない若手ビジネスマンの方もおられるでしょう。そんな皆さんがスキルアップして、ビジネスで成功を手にするための早道があります。それは「成功者の真似をする」ことです。

はっきり言って、自分の頭で考えることには限界があります。ひとりの人間が歯を食いしばって独力でがんばるよりも、とにかくデキる人の真似をして、それを吸収していくことです。**デキる人、仕事を効率よくこなしているビジネスマンというのは、自分の仕事に「仕組み」ができている人ですから、その「仕組み」を真似するのです。**他人の「仕組み」をベースにして、それを自分なりにどんどんバージョンアップすることで、自分の「仕組み」としていくわけです。

先にもご紹介した本田直之さんは、『レバレッジ・リーディング』（東洋経済新報社）でこう語っています。

> 自分のやる気に他人の知恵や経験というレバレッジをかければ、何十倍、いや何百倍もの結果を出すことができる。

変なプライドはいっさい持たずに、周りの先輩や同業者、あるいはビジネス書の中から先人の知恵と経験を盗み、自分のものにしていくことです。そのためには、本書でご紹介するような「仕組み」で考えることが有効となるでしょう。

「仕組み」をつくれば、同期のライバルよりもずっと仕事の処理スピードが上がります。そうなれば社内の評判も高まり、次々に新しい仕事をまかせられるようになってくるでしょう。まさに好循環がうまれるのです。

図7_ 新人ビジネスマンにとっても、「仕組み」は役に立つ

「仕組み」をつくる

↓

処理スピードが上がる

↓

できる人間だと思われる

↓

どんどん新しい仕事がくるようになる

好循環!

問題があると感じたら、まず「仕組み」を見直す

仕事に「仕組み」をつくることで、「仕組み」で自分を動かし、「仕組み」でチームを動かし、そして「仕組み」で会社を動かすことができるようになります。そして、それがうまくいくためには、取り入れた「仕組み」が適切なものであるか否かがポイントとなります。

逆に言えば、問題が生じたり仕事が効率よくいかないようだったら、それは、「仕組み」自体にまだ改善の余地があるということです。

チームや会社がうまくいっていないと感じたら、特定の要素や誰か個人のせいにする前に、まず「仕組み」を見直してみることをお勧めします。そうすれば、たいていは原因が見つかるものです。

なんでもそうですが、最初からうまくいくとは限りません。トライ&エラーというように、試行錯誤を繰り返すなかで、自分や自分の組織に最適な「仕組み」をカスタマイズしていくのがいいでしょう。

失敗も「仕組み化」できる

仕事にミスやトラブルはつきものです。どんなに注意深く作業しても、思ってもいないところに間違いが見つかったりします。また、うまくいっているプロジェクトでも、2回目、3回目と回を重ねるうちに、どこかでミスが生じることもあります。あるいは自分たちに落ち度がなかったとしても、何かのトラブルに巻き込まれて、結果的に周囲に迷惑をかけることだってあるかもしれません。

皆さんが経営者やマネジャーだったとしても、同じことです。「絶対に失敗しないようにしろ」「ミスをなくせ」と部下を叱責しても、実際には失敗することもありますし、ミスはなくなりません。

いくらがんばっても、失敗やトラブルが起きる確率をゼロにすることはできないのです。

だとしたら、トラブルへの対策として、仕事に次のような「仕組み」をつくることを考えるといいでしょう。

①ミスやトラブルが生じる可能性をできるだけ少なくするための「仕組み」をつくる
②ミスやトラブルが生じても、それを早い段階で発見できる「仕組み」をつくる
③ミスやトラブルが生じたときにもすばやく対応できる「仕組み」をつくる

ちなみに私の会社では、スタッフが仕事でミスやトラブルを起こしても、一回目であれば怒らないことにしています。「今後は気をつけます」というような、（本当にそう思っていたとしても）あいまいで実態のない謝罪をさせても意味がないと考えるからです。

その代わり、ミスが起きた原因は、すべて自分のつくった「仕組み」にあると考えます。自分のつくった「仕組み」で動いているチームがミスを起こしたのですから、悪いのは、その「仕組み」をつくった自分自身です。

他人のせいにするのではなく、自分が原因と考え、そして次に、ミスの起こらない「仕組み」づくりにエネルギーを注ぐことで、より向上する会社になっていくと私は考えています。

「がんばります」という具体性のない言葉ですませたり、「彼は几帳面だから大丈夫」など個人の能力に頼りきるのはやめましょう。仕事に「仕組み」をつくるのです。

図8_失敗を「仕組み化」する

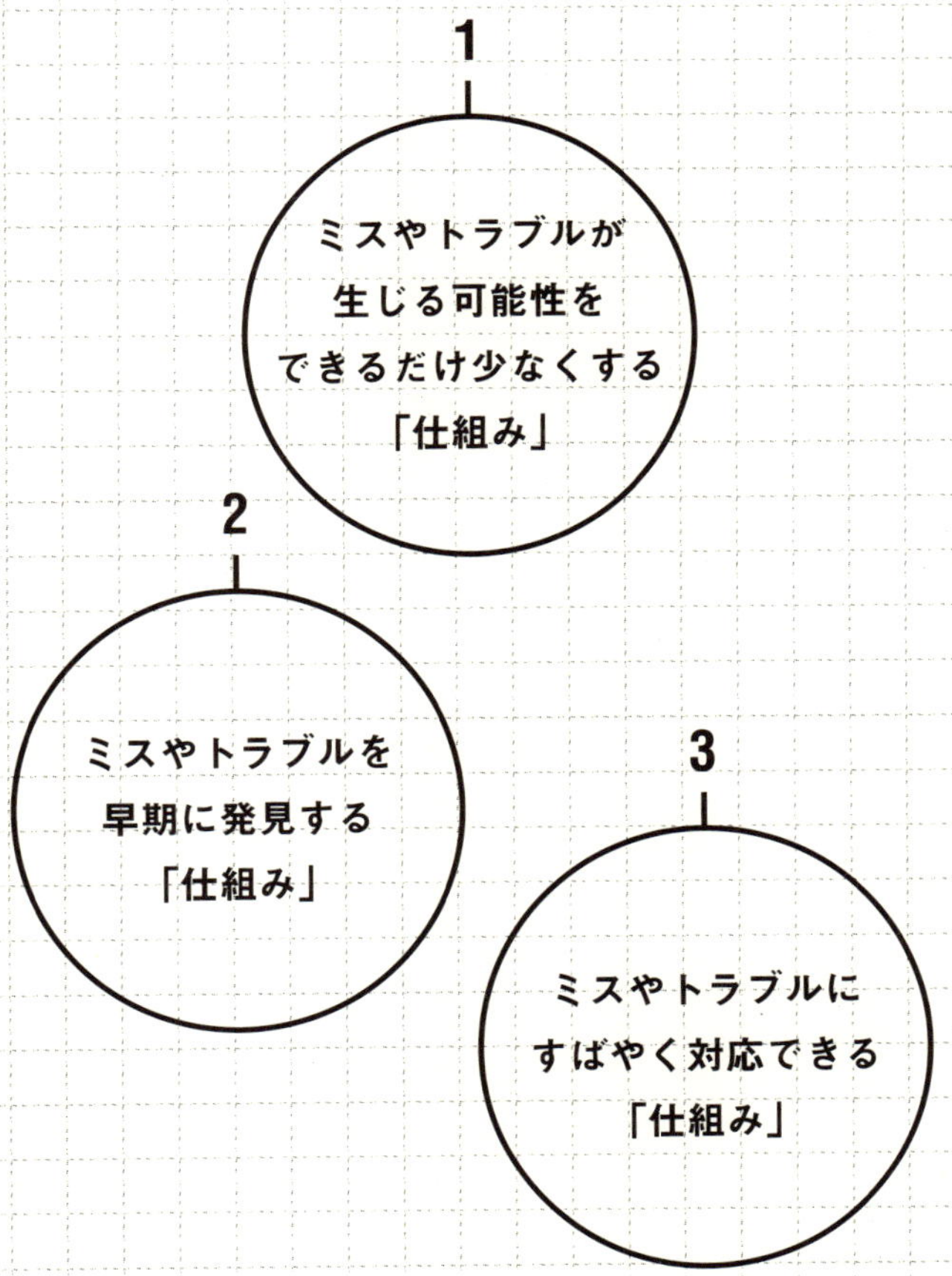
1
ミスやトラブルが
生じる可能性を
できるだけ少なくする
「仕組み」
2
ミスやトラブルを
早期に発見する
「仕組み」
3
ミスやトラブルに
すばやく対応できる
「仕組み」

「仕組み」が遂行される「仕組み」をつくる

こうやって、せっかく会社やチームの業務に「仕組み」をつくっても、いつのまにか「面倒くさいし使いにくいから、もういいや」となっては意味がありません。

そうならないためにも、つねに使える「仕組み」にアップデートしておくとともに、その「仕組み」をみんなに使わせるための「仕組み」も同時に考える必要があります。

先にご紹介した小山昇さんが経営する株式会社武蔵野では、部長以上の役職につくと、年に1回か2回、必ず1週間程度の休暇をとらなくてはいけない決まりがあるそうです。というのも武蔵野では、自分がいないときでも部下が代わりに同じ仕事をして、チームが問題なくまわるよう、仕事内容をすべて「仕組み化」しておくことが上司の仕事のひとつなのだそうです。つまり、実際に上司の仕事を本当に部下ができるようになっているか、上司がいなくてもチームがまわるのか――それを確かめるために、わざとそこだけは何があっても休みをとらせるわけです。

休暇期間中は、上司が出勤することはおろか、部下が上司に電話をして仕事内容を聞くだけも、上司自身の評価減の対象となるそうです。

小山さんの会社は、このように「仕組み」がきちんと遂行される「仕組み」をつくっているのです。

STAGE___

05

続ける「仕組み」をつくる

「継続は力なり」ということわざがありますが、実際、続けることはなかなか難しいことです。

たとえば、「運動不足だからトレーニングをしよう！」とスポーツジムに通いはじめたとします。エアロビクスの初級クラスに入り、週に1回必ず通っているうちはよかったのですが、仕事が忙しくなり1週休んでしまった。そうなるとだんだん行きづらくなって、いつのまにか月に一度も行かなくなり、結局、半年もせずに退会……。似たような経験が、皆さんにもあるのではないでしょうか。

このように、最初はモチベーションが高いのに、それが続かないという状況を、グラフにしたのが左ページの図です。有名な「ロングテールの法則」のグラフに似ていますが、このヘッドの部分を続けるためには、やはり「仕組み」をつくることが有効です。

図9_モチベーションの変動はロングテール現象!?

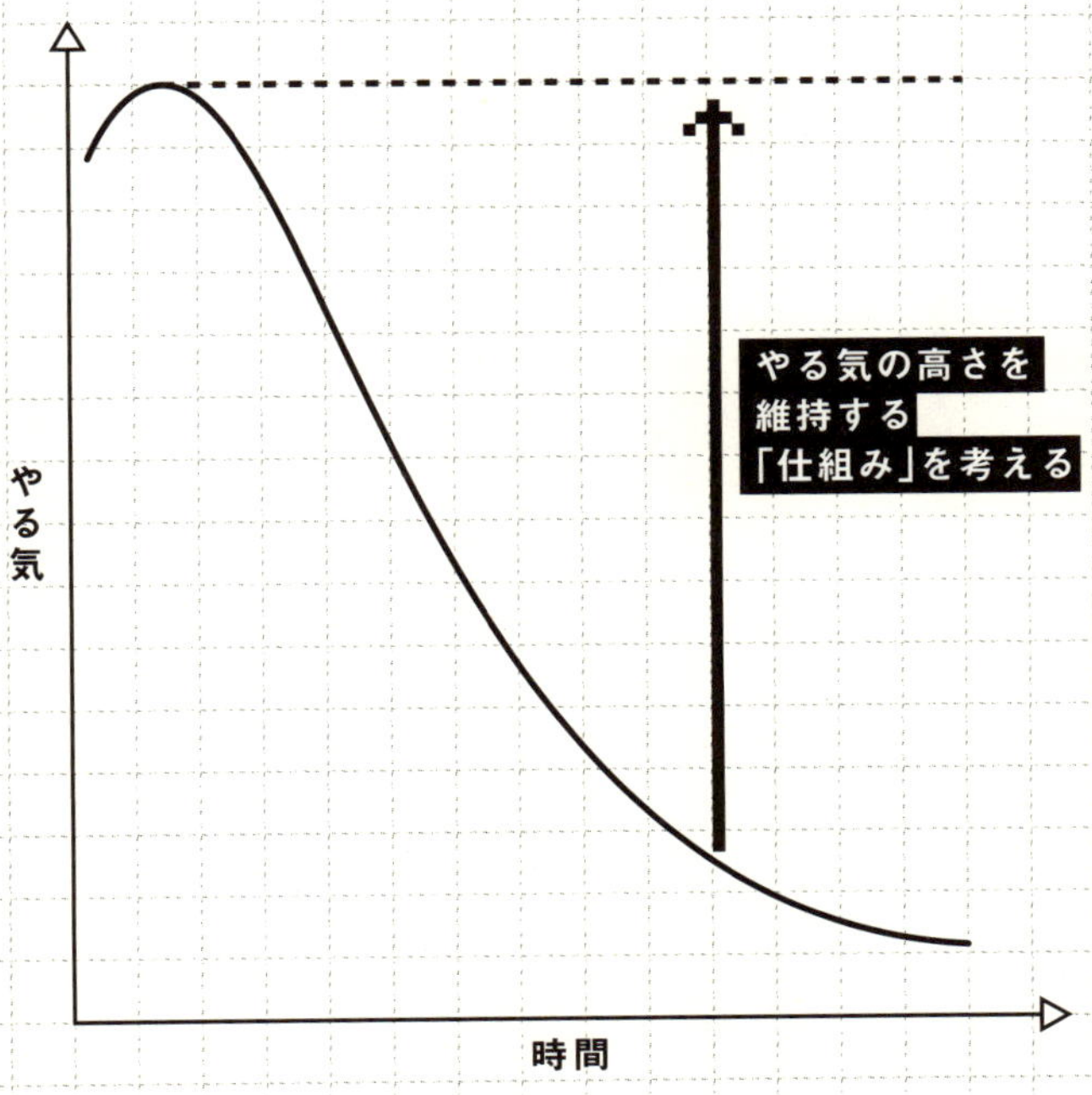
やる気の高さを
維持する
「仕組み」を考える
やる気
時間

「仕組み」なしで行き当たりばったりに取り組むだけでは、物事は絶対にうまくいかなくなります。**逆にいえば、続けるだけで9割のことはうまくいきます。**そのための「仕組み」をつくるのです。

強い意志や根性がなくても続けられることが大事

「続けることが大事」というと、そのためには「根性」や「強い意志」が必要と考える方もいらっしゃるでしょう。確かに、根性や強い意志があれば、先のスポーツジム通いだってもっと長く続いたかもしれません。

しかし後の項で改めて説明しますが、「意志の力」は意外と不確かなものです。人それぞれの事情に左右されるからです。というのも、私自身意志が弱く、同じことを続けられない自分にずっと悩まされていた時期がありました。そこで考えた結果、「意志の力」に頼るのではなく、「仕組みの力」に頼るというルールをつくったのです。

「仕組み」のとおりにやっていたら、「気がついたら、いつのまにか続いていた」……そんな「仕組み」を考えてみましょう。ここではふたつのアイディアをご紹介します。

続けるためのアイディア① 小さな目標をつくる

日本の行動科学マネジメントの第一人者であり、『続ける技術』（フォレスト出版）などベストセラーの著者としても知られる石田淳さんは『すごい「実行力」』（三笠書房）で、行動を習慣化するためのツールとして、ポイントカードを推奨しています。

たとえば早起きを毎日続けようと思ったら、自分でポイントカードをつくり、次のようなルールを決めるのです。

「時間どおりに起きられたらシールを1枚、時間前に起きられたらシールを2枚」

シールが10枚たまったら、自分に何かごほうびを用意するようにします。そうして何日か早起きを続けているうちに、ポイントカードにシールを貼っていくのが楽しくなってくるというわけです。

このように小さな目標をつくり、それをひとつずつクリアしていくことで習慣をつくるのは、誰にでもできる方法だと思います。

続けるためのアイディア② 他人のパワーを使う

先ほどスポーツジムの例を挙げましたが、じつは私自身、数年前からジムに通っています。もともと怠け者の私は、なんとかして投げ出さずに続けるための「仕組み」はないかと考えた結果、パーソナルトレーナーと契約することにしました。

たとえば毎週水曜の朝8時にトレーナーと約束していたら、嫌でもサボるわけにはいきません。もちろん、通常のジム使用料よりもお金はかかります。しかし、基本料金だけ払って結局ジムに行かなくなるよりも、毎回いくらか多くお金を払うことで、「行かざるを得ない仕組み」をつくったわけです。

友人や知人に「公言する」ことも大きな効果があります。また自分の話で恐縮ですが、**私は2年前に「ダイエットするよ」とまわりの人間に言って、1年で体重を26キロ落とすことに成功しました**。このときに私の頭の中にあったのは、「言ったからには、やらないとかっこ悪い」。ただ、これだけでした。

このように「続ける」ために他人のパワーを使うことは、たいへん効果があります。

図10-1_小さな目標をつくる

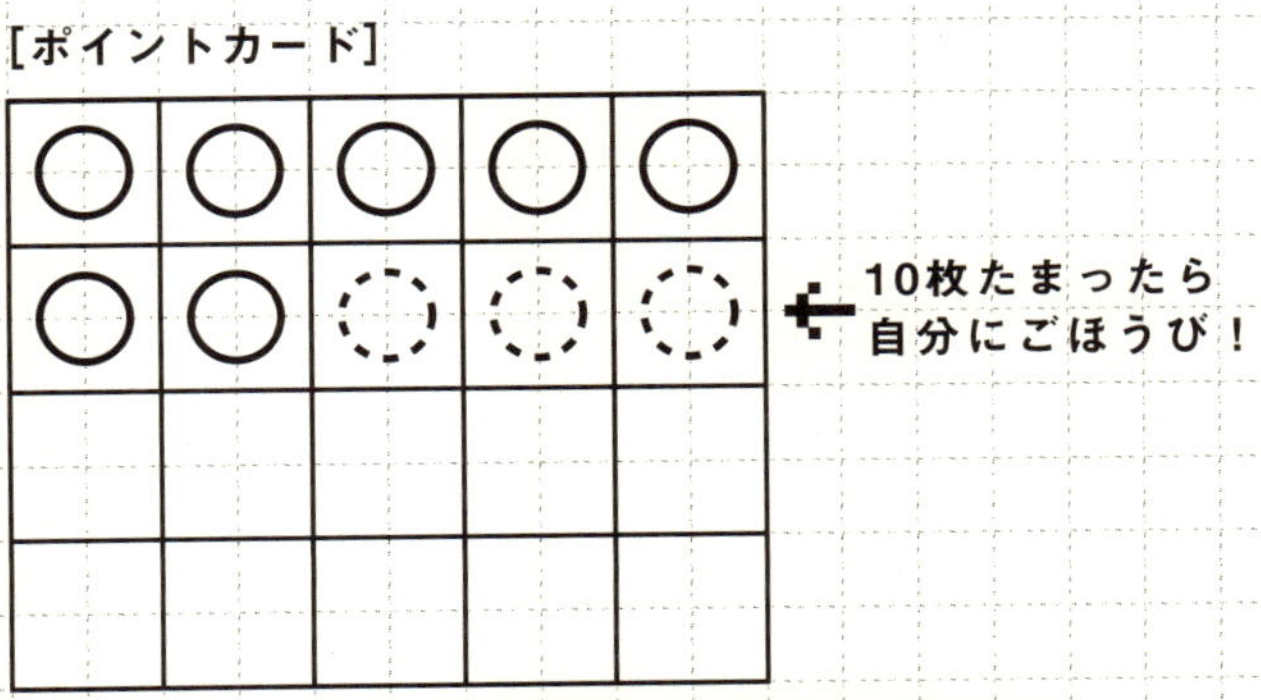
[ポイントカード]
10枚たまったら
自分にごほうび！

小さな目標をひとつずつクリアしているうちに
習慣になっていく！

図10-2_他人のパワーを使う

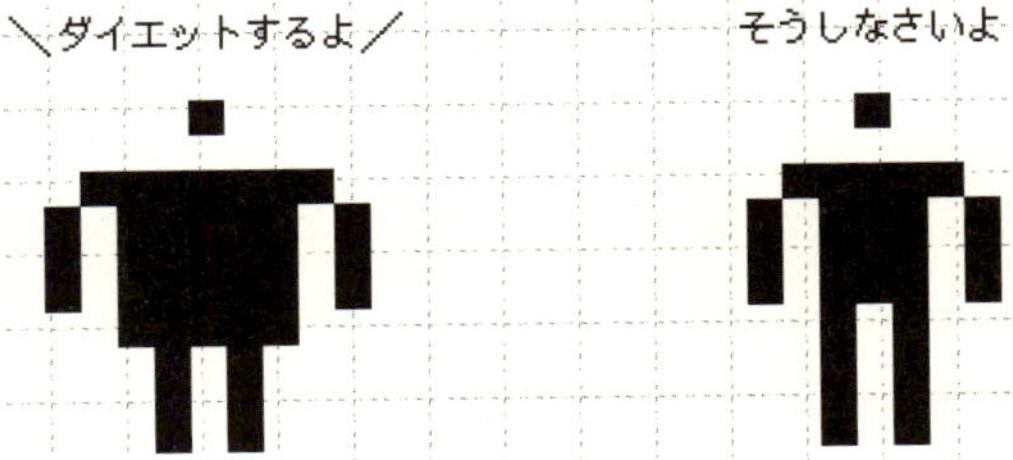
＼ダイエットするよ／
そうしなさいよ

STAGE___

06

「仕組み」仕事術・3つの黄金ルール

日々の仕事に「仕組み」をつくる。それだけで、あなたの会社や仕事は、驚くほどスムーズに進むようになるはずです。ここまでお読みになった皆さんなら、だんだんイメージができてきたのではないでしょうか?

次章から具体的に仕事を「仕組み化」していくための方法を紹介していきますが、その前に、自分の仕事に「仕組み」をつくり、それを使いこなしていくために大前提として知っておいていただきたい、3つの重要なポイントを押さえておきましょう。

RULE_1 才能に頼らない

私の知るかぎり、能力の高い人ほど「仕組み」づくりが苦手のようです。「自分でやったほうが早い」「何も考えなくても感覚的にできてしまうので、いちいち明文化できない」などといって、「仕組み化」がなかなか進まないのです。

しかし、「これは自分にしかできない仕事だから」と、いつまでもその仕事を独占していては、あなたも仲間も成長しません。あるいは、あなたが経営者やマネジャーだとして、「そのほうが良い結果が出るから」と優秀なスタッフばかりに仕事を振っていては、不公平感は高まり、また彼らが辞めでもしたら困ってしまいます。

特別な才能のない人、たとえばアルバイトの学生でも、そのとおりにやれば、ある程度の結果を出せること。それが、「仕組み」づくりに欠かせないポイントのひとつです。

RULE_2 意志の力に頼らない

人間は、基本的に怠け者です。小学生が家で宿題をやろうとしても、好きなテレビ番組が始まったら、つい勉強そっちのけになるのと同じで、大人でも、「この仕事は大変だから、なかなか手がつかないな」「……と思っていたら、飲み会に誘われた。よし、今日は切りあげてしまおう！」なんてことになりがちです。（あなたにも覚えがあるのでは？）

普通の人は、そこで「強い意志を持って誘惑を断ち切るのだ！」と考えるでしょう。それはもちろん間違っていませんし、実際、意志の力は何においても必要です。しかしその一方で、「意志を強く持つ」というのは、意外と不確かなものでもあるのです。

というのも、「意志」はそのときの体調や気分にも左右されますし、ストイックで意志の強い人もいれば、気分にムラがある人だっています。「意志の力」にはどうしてもぶれがあるのです。

仕事に「仕組み」をつくろうと思ったら、「意志の力」を前提に考えないこと。**「意志の力」ではなく、「仕組みの力」で自分を動かすのです。**

たとえば「晩ごはんは自分で適当にやっておいて」と言われても困ってしまいますが、「あなた、今日はこれとこれとこれを買って、このレシピどおりにつくればいいのよ」と言われれば、料理が苦手な人でも大丈夫でしょう。それと同じように、「料理をつくるぞ！」という強い意志がなくても、「仕組み」にしたがって動くだけで、いつのまにかごはんができている。そんな「仕組み」をつくるのです。

「仕組み」ができれば、仕事をするたびに強い意志をふりしぼらなくても、当たり前のことを当たり前にやっていれば、自動的に結果がついてくるようになります。そうなると、仕事のストレスは激減し、仕事をすること自体が楽しくなります。

余談ですが、私はもともと本を読むのが苦手でした。しかし、あるときに必要を感じてから、「週に必ず金融の本を3冊読む」というルールを自分に課すようにしました。私は怠け者なので、そうやってルールを決めないと必ず読まなくなるのです。

本当に嫌なときはパラパラめくるだけでもいいし、目次を見て興味のあるところだけ拾い読みするのでもOK。ただ、「今週は読みたい本がない」「今週は忙しいから1冊でいいや」というように、気分や状況によって変えるのはNGです。とにかく「必ず新しい本を3冊読む」というルールをつくって、それを「仕組み」にしてしまうのです。**ポイントは、そこに気分や「意志の力」を介在させないこと。**

そうするとそれが習慣になり、そのうちに金融の知識がついてきますから、それは当然、仕事や投資活動にも生きてきます。私はそれを何年も守り続けることで楽しくなり、今では月に30冊以上の本を読み、読書量に関しては他人に負けない自信がつきました。

RULE_3 記憶力に頼らない

「先週の会議ではどんな意見が出て、どんなふうに話が決まったのか教えてよ」

会議に出られなかった上司からそう聞かれて、あわてて一生懸命思い出そうとしたり、他の参加者に聞いてまわったり……そんな経験、皆さんにはありませんか？

私の会社では、会議のときは書記が必ずＰＣで議事録をとり、会議が終わったら、それを関係者全員が参加するメーリングリストに流します。こうすれば、欠席者や途中退席した人にも会議の内容が共有できますし、数カ月前に議論したことも、さかのぼればすべて履歴が残っていて、「こうだった」というのがわかります。不確かな記憶を無理に引っ張り出したり、いちいちそのたびに誰かに確認したりする必要がないのです。

人は一日のあいだに話した内容について、翌日になると9割忘れていると言われます。頭の中には、1割しか残っていないというわけです。

「仕組み」仕事術では、記憶力に頼らずに、ＰＣや手帳などを活用して、「外部記憶の仕

図11_仕事を「仕組み化」する3つのポイント

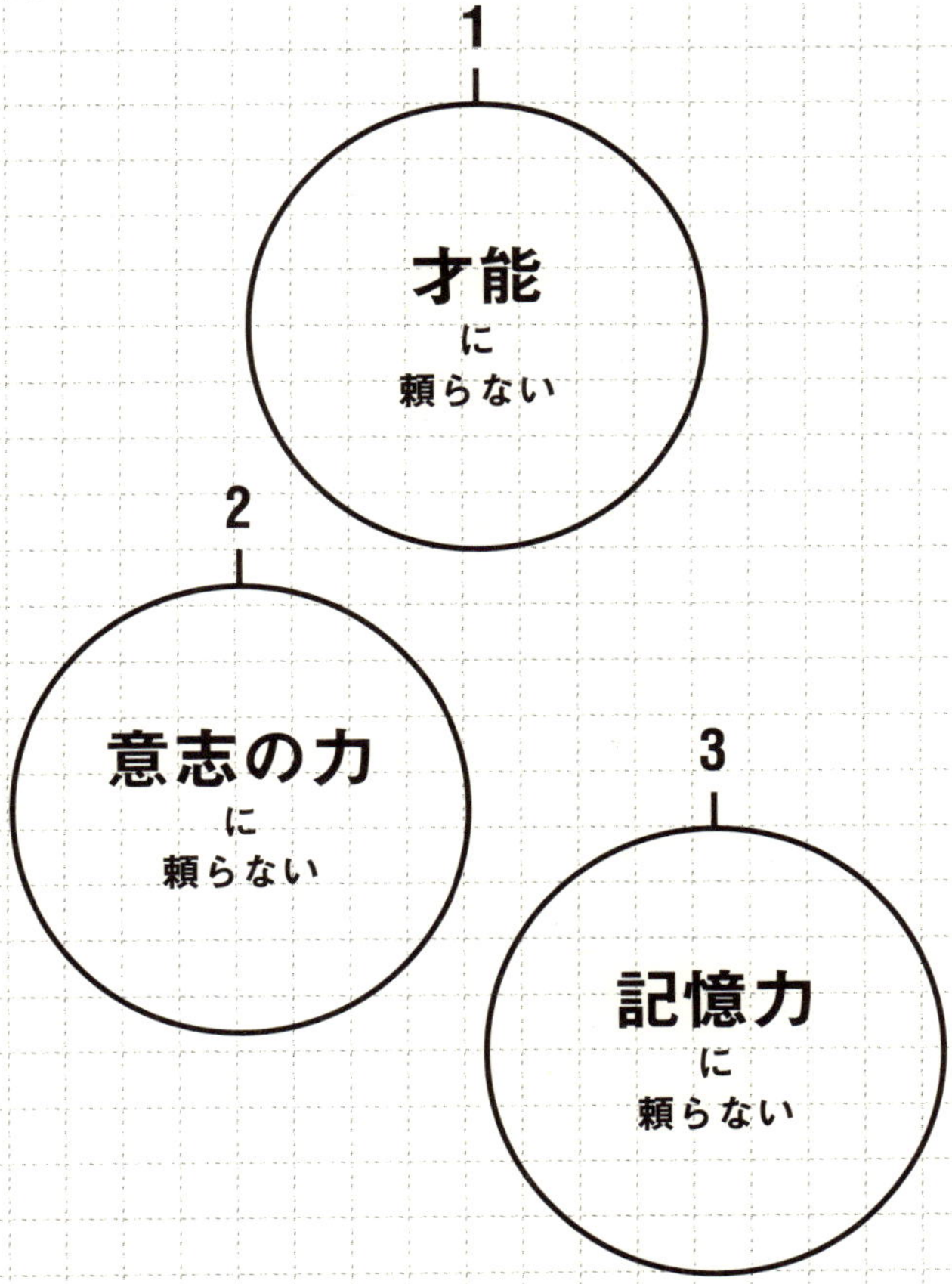
1
才能
に
頼らない
2
意志の力
に
頼らない
3
記憶力
に
頼らない

組み」をつくることをお勧めします。「記憶より記録」というわけです。

人の記憶力は、どう頑張ってもコンピュータには勝てないのです。だったら自分の頭は、「覚えること」に使うよりも、「考えること」に使ったほうがいいと私は思います。

PART___ 2

「作業系」の仕事を徹底的に効率化する

STAGE___
01

チェックシートを徹底活用しよう

仕事を「仕組み化」するということは、つまり仕事の進め方にフォーマットをつくり、それを「才能」「意志の力」「記憶力」にかかわらず、誰でも再現できるようなルーチンをつくることです。

『海馬』（新潮文庫）、『進化しすぎた脳』（講談社ブルーバックス）などのベストセラーで知られる東京大学大学院講師の池谷裕二さんは、こう語っています。

ルーティンワーク化するということは、無意識化するということ。無意識の記憶を司る線条体が関与していると考えられます。繰り返すことで体が覚える。無意識だから苦にならない。そういう状態を一般的には、「集中している」と呼んでいるのです。

（「プレジデント」2007年4月16日号より）

作業系の仕事を「仕組み化」することで、仕事に対するストレスは明らかに軽減します。「ああ、面倒くさい」「やりたくない」と感じて腰が重くなることがなくなり、そのぶん仕事のスピードも向上します。

「なるほど。そうしたら、具体的にどんなフォーマットをつくればいいの？」

そんな皆さんの声が聞こえてきそうですね。本章では下手な理屈を並べるよりも、実際に私が自社で使っているツールをご紹介しましょう。

私が代表を務める日本ファイナンシャルアカデミーでは、個人の方がお金に関する正しい知識と教養を身につけるためのスクールを開催をしています。次のページで紹介するのは、その体験入学説明会の会場を準備する際に用いているチェックシートを、書籍用にやや簡略化したものです。

このシートはエクセルで作成され、社内の共有フォルダに入っているので、スタッフはそのつど、いつでも取り出して見ることができます。

スタッフ名[　　　　　　　　　　　　　　]

✔	予定時間	処理時間	TO DO	詳細
☐	18:00	:	エアコン	快適な温度に(基本設定26度)
☐	18:00	:	スピーカー ピンマイク	講師に使用の有無を確認。使用する場合は、ボリューム調整をする。スピーカーのみ電源を入れた状態にする。
☐	18:00	:	おつり	名簿を確認し、予想されるおつりを準備しておく。
☐	18:00	:	領収書	領収書に金額を書いておき、受付台の下に入れておく。
☐	18:20	:	お客様案内看板	1F玄関から出た道路に設置する。
☐	18:25	:	水	講師テーブルに水を用意する。コップに3杯。
☐	18:25	:	中間報告	担当社員にチェックシートを確認していただく。
☐	18:30	:	受付	こんにちは、お名前を頂戴してもよろしいでしょうか。 名前と入金を確認する。入金がない場合は代金をお支払いいただく 名前がない場合は申し込みの経緯を聞き、中でお待ちいただく。
☐	18:55	:	飲み物	後方にお飲み物がございます。ご自由にどうぞ。
☐	19:00	:	開始	入り口の扉を閉める
☐	20:10	:	スタッフ動員	申込用紙を配る必要があるため、講議の進行状況を確認しに行く。 講師から合図されたときに申込用紙を配る。
☐	21:00	:	ミーティング	各申し込み内容を講師・スタッフで確認する。
☐	21:10	:	体験会レポート	＼＼共有PC＼体験会＼体験会レポートをXXX@jfa.acに送信する
☐	21:30	:	片付け	消灯、カギなど
☐	翌日	:	ハガキ	DBより送り状データ抽出をした後、＼＼共有PC＼書類＼住所ラベル印刷(PB).xlsから宛名シールを印刷する。ハガキ見本をハガキにコピーする。ハガキに宛名シールを貼り発送
☐	翌日	:	提出	名簿、申込用紙、体験会チェックリストを担当者に提出する。

図12_体験入学説明会チェックシート

開催時間を入力すると「予定時間」が自動的に表示されるよう設定してある

開催日時　[　]月[　]日　19:00

✔	予定時間	処理時間	TO DO	詳細
□	17:30	:	名簿	DBより名簿作成。
□	17:30	:	電話案内	＼＼共有PC＼共通業務＼セミナールーム電話案内(掲示).docの2ページ目を受付に置く。
□	17:30	:	チラシ	＼＼共有PC＼チラシデータのいずれかに入っています。
□	17:30	:	水色のボード	受付台の下にあります。「申込書」を右側に、「お支払い方法」を左側に、ボールペンを真ん中に挟む。
□	18:00	:	本	在庫のあるものを準備。各5冊程度、持ち出し分を○○さんに報告。
□	18:00	:	商品、本の掲示棚	ハンドワイパーでほこり取り。
□	18:00	:	掃除機	コピー機の横にある掃除機を使い、セミナールームの絨毯に掃除機をかける。
□	18:00	:	拭き掃除	トイレの棚の下段にある洗剤と、3F流し台の下にある雑巾を使う。机・ホワイトボード・受付台を、洗剤を使い乾拭きする。
□	18:00	:	机	セミナー用に位置、向きを直す。**各机は、左右の壁から10cm離して並べる。**
□	18:00	:	椅子	人数によっては減らす場合がある。(講師に確認)
□	18:00	:	ホワイトボード	マーカー各黒、赤、青を2本ずつインクのチェックをする。少しでも付かないモノは捨てる。 ホワイトボードイレイザーも少しでも消えづらかったら交換する。ボード、受け皿を拭く。
□	18:00	:	ウォーターサーバー	コップ、お茶の補充(3F教室後ろの棚)
□	18:00	:	掲示板	掲示物がはがれていないかチェック。
□	18:00	:	トイレ	トイレクリーナーで清掃後、クイックルで拭き取る。用具は下の棚。 ペーパー類補充。3F教室後ろの棚。
□	18:00	:	ゴミ箱	講師後ろ、セミナールーム後方、トイレの3箇所。
□	18:00	:	プロジェクター	自分のパソコンで表示されるかを確認する。

「作業系」の仕事を、流れ作業の要領で処理する

17時半にDBから名簿を印刷↓社内の共有フォルダのどこそこに入っているワードファイルの2ページ目と、○○に入っているチラシを受付の所定の位置に置く↓18時にコピー機の横にある掃除機を使いセミナールームの絨毯を掃除する……

このように具体的に細かい手順まで書かれたチェックシートを担当者がプリントして、上から順番にひとつひとつ確認し、済んだTO DOにチェックマークをつけていきます。

ホワイトボード用のマーカーのインクが薄くないか、ウォーターサーバーにはちゃんと水が補充されているか、掲示物がはがれていないか、ゴミ箱が決まった場所に置かれているか、ラジカセのボリュームは10程度になっているか、などなど。

当たり前のことから、つい見過ごしやすい細部まで、とにかくあらゆる「やるべきこと（TO DO）」が、すべてチェックシートになっています。

担当者はいちいち「次は何をすればいいんだろう?」と考えることなく、書かれている時間どおりに、上からサクサクとこなしていけばいいわけですから、簡単です。頭を使わず、流れ作業の要領で会場準備を完了させることができます。

担当者が特別にキレイ好きだったり、段取り上手だったりしなくても、キレイ好きな人や段取り上手の人がやるのと同じくらいキレイで、来場者に満足していただける会場設営ができるのです。

このチェックシートのフォーマットを最初につくったのは私ですが、次からはスタッフに管理や更新をまかせるようにしました。責任者が管理だけを行って、実際の作業は、入社したての新人やアルバイトにまかせることもできるようになっています。

それもこれも、こうやってフォーマットを一度つくってしまいさえすれば、可能となるわけです。

STAGE___

02

仕事の内容と手順をチェックシート化する

「ここまではやったけど、そこから先をどうすればいいか、わからない」

「そういえばあの件、どうなっていたっけ?」

「……飽きてきた。気分転換にインターネットでも見よう」

私たちが仕事をしているとき、途中でつい手が止まってしまうのは、たいていこのように迷いや飽きなどの余計な考えが仕事のブレーキを踏んでいるからです。

ひとたびこうして手が止まってしまうと……他の仕事が気になってきたり、一服したくなったりと、切れた集中力を取り戻すのにひと苦労。そんな経験は誰でもあるのではないでしょうか?

そうした余計な考えに悩まされずに、そして「強い意志の力」にも頼ることなく仕事を効率的に進めるために、チェックシートはきわめてシンプルでかつ優秀なツールです。

「やるべきこと」を具体的に細かく書き出してシートを作成し、いつでも、誰でも使えるように「仕組み化」しておけば、次からその仕事をスムーズに、手が止まってしまうことなく進められるようになります。

使えるチェックシートをつくる4つのコツ

私が経営している会社はいずれも、チェックシートで動いているといっても過言ではありません。それくらいチェックシートを徹底的に活用しています。

チェックシートづくりには、いくつかのコツがあります。

①「TO DO」と「詳細」に分ける

ご覧いただくとわかりますが、前出の体験入学説明会チェックシートでは、「やるべきこと」が「TO DO」と「詳細」とに分かれています。

チェックシートというと、普通は「ホワイトボードの準備」「拭き掃除をする」「受付に立つ」のように、行動をひとことで簡潔に示し一覧に並べたものをいうようです。前出のシートでいうと「ＴＯ ＤＯ」の部分がそれにあたります。しかしそれだけだと、「準備といっても、具体的に何をすればいいのかわからない」となりがちです。

そこで私が使うチェックシートには、「詳細」欄をつくり、さらに具体的な行動内容や関連ＵＲＬをそこに示しておくことで、経験の浅い新人やアルバイトでも迷わずに実行できるようにしています。

このように「詳細」と「予定時間」を書き添えておくだけで、誰でも使えるチェックシートにグッと近づくのです。

②できるだけ細かい手順に落としこむ

「詳細」はできるだけ具体的で、細かい手順にまで落としこむこと。それが、手を止めることなく仕事を進めるためのポイントです。体験入学説明会チェックシートをご覧ください。たとえば「拭き掃除をする」というＴＯ ＤＯの「詳細」はこうなっています。

「トイレの棚の下段にある洗剤と、３Ｆ流し台の下にある雑巾を使う。机・ホワイトボード・受付台を、洗剤を使い乾拭きする」

このように「細かすぎるのでは？」というくらいがちょうど良いようです。

③判断を入れない

「ここはどうすればいいだろう?」というように、その場での判断に頼るTO DOは、極力減らすことがポイントです。判断要素が入ると、そこでどうしても手が止まってしまうからです。たとえば、

「来場者の人数しだいで、スタート時間を調整する」

というTO DOがあったとしましょう。この表現だと「人数」「調整」の部分があいまいなため、判断が必要となります。そうなると、「5人着席したら始めよう」「いや、10人はいないとまずい」「5分待っても人が増えなかったらスタートするか」「30分くらいは待とうよ」という具合に、人によって判断基準がまちまちになってしまいます。

そこで、次のような書き方にしたらどうでしょう。

「定時になっても来場者が10人に満たない場合は、スタート時間を5分遅らせる」

これでしたら基準が明確ですから、判断が入る余地はありません。このようにＴＯＤＯは、より明確で具体的な表現であらわします。

とにかく担当者が頭を使わないで、書いてあるとおりに淡々と、機械的に処理していけば仕事が終わるというのが理想です。

④二度目からはアルバイトでもできるように

プロ野球やサッカーの世界でよく言われることに「名選手は必ずしも名コーチにあらず」というのがあります。その意味はつまり、自分の天才的な技術やセンスに頼ってしまい、それを誰でもできるように一般化できないということです。

これは「仕組み」づくりに関してもいえることです。天才的な技術やセンスがなくてもできる、すなわち「才能に頼らない」ことが必要なのです。

仕事のチェックシートは、誰でも使えるものでなければなりません。もちろん業務の種類や専門性にもよりますが、基本的には、一度実際に使ったら二度目からはアルバイトでも同じことができるような、シンプルで使いやすいシートをこころがけましょう。

図13_使えるチェックシートをつくる4つのコツ

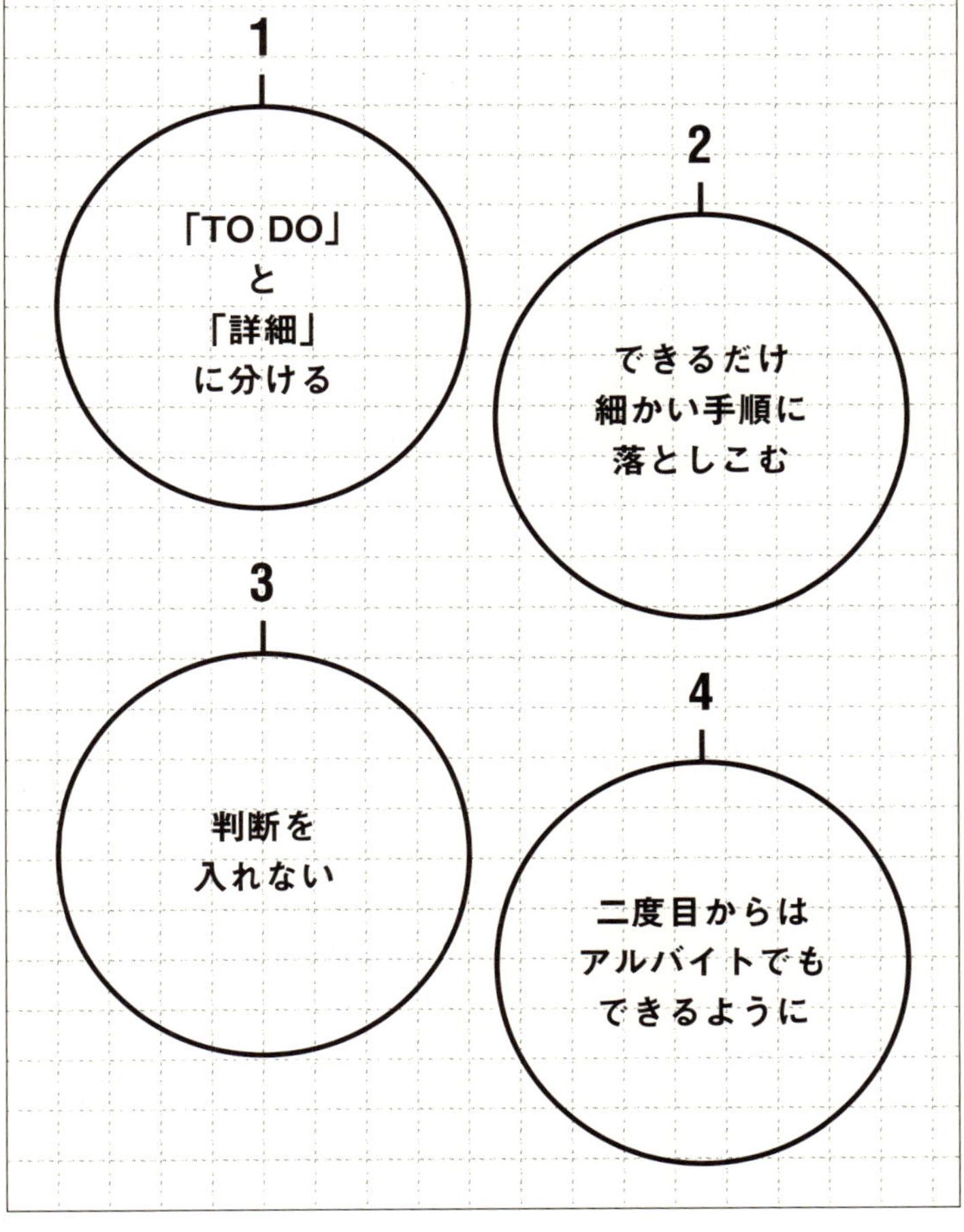
1
「TO DO」
と
「詳細」
に分ける
2
できるだけ
細かい手順に
落としこむ
3
判断を
入れない
4
二度目からは
アルバイトでも
できるように

毎月、毎週、毎日行う仕事は、最初の1回目にチェックシートをつくる

毎月、毎週、毎日といった単位で必ず行う仕事、つまりルーチンワークにおいて、チェックシートは最大の効果を発揮します。たとえば提出書類の確認、経費精算、オフィスの掃除、システムのメンテナンス……チェックシートを使うことで、こうした仕事の効率は驚くほど上がります。

ルーチンワークにおいては、最初の1回目にチェックシートをつくるのが基本です。

たとえば毎月第一火曜に社内の定例ミーティングをすると決めたら、その第1回目を準備する時点で、リーダーと担当者で議題をリストアップします。売上げ数字の確認、新製品プロジェクトの進捗報告、成績優秀者の表彰、人事の発表など、ミーティングでやることはだいたい決まっていますから、それらをもとにリストをつくってしまいます。

あとはミーティングの回数を重ねるなかで、不要なＴＯ ＤＯはやめるなど、より実際的で効率的なチェックシートにアップデートしていきます。

なんでもチェックシートにする

私が経営している会社では、個々の業務から会社全体の動きにかかわるものまで、あらゆる仕事にチェックシートをつくり、そして活用しています。左にご紹介するのも、そのごく一部です。

○社内ミーティングをするときのチェックシート
○面接を行うときのチェックシート
○月末に行う業務のチェックシート
○PCをデータ移行する際のチェックシート
○掃除のチェックシート
○朝出社したときに行うチェックシート
○最後にオフィスを出る人のためのチェックシート
○会計士に送る書類のチェックシート

○出張準備チェックシート、ｅｔｃ……

変わったところでは、「給与計算ソフトの使い方」もチェックシートにしています。**ソフトの起動手順から、クリックする順番、プリンタの操作方法に至るまで、具体的な作業の手順を徹底的に細かく書き出してリスト化するのです。**

たとえば2ページの書類をA４判用紙1枚にまとめて出力するためには、「ファイル」から「印刷」に入って「プロパティ」を開き、「2枚」にして、「ＯＫ」「印刷」をクリック……そういった手順まで書いておくと、時間も頭も労力も使わずに、その仕事を完了させることができます。

このような事務作業は簡単なようでいて、意外と手順が複雑なことが多く、ソフトの使い方など何かわからないことが出てくるとそのたびに手が止まり、作業がストップしてしまいがちです。ストップして先に進めなくなると、たいてい集中力が切れて面倒くさくなってきます。そして、面倒なことは先延ばしにしよう……。そんなことをしているうちに、あなたの貴重な時間と労力はどんどんなくなっていくでしょう。

そうやって、本当は5分で終わる仕事に、1時間も2時間もかかってしまうのです。

大げさに聞こえるかもしれませんが、私の感覚では、「仕組み化」をせずにただひたすら作業に取り組んだ場合、その作業に費やされる時間の9割は、こうした無駄な時間です。逆に言えば、チェックシートなどの「仕組み」を導入すれば、作業時間は驚くほどスピードアップするということです。

早朝会議や「がんばるタイム」の設定、残業禁止の徹底など独自の経営スタイルでトリンプ・インターナショナルを19年連続・増収増益の企業に成長させた吉越浩一郎さんは、『2分以内で仕事は決断しなさい』（かんき出版）で次のように語っています。

> 社員のIQを5倍にしたり、労働時間を5倍に増やすのはまず不可能ですが、スピードならやり方しだいで5倍にできる。

何度も言いますが、仕事の段取りを徹底的に「仕組み化」することで、作業効率は飛躍的に向上するのです。

メンテナンスは、つくるのと同じくらい重要

チェックシートはＰＣで作成して、作業のときにプリントアウトして使うことをお勧めします。

ＰＣで作成することのメリットは、必要に応じて簡単に更新できることです。何度か実際に使っているうちに、「このＴＯ ＤＯは不要だな」「詳細の手順を変えたほうが、より効率的にできる」といった要調整事項が必ず出てきます。そのときに削除や修正が簡単にできなければ、チェックシートもだんだん使われなくなってしまいます。**メンテナンスが簡単にできることは、「仕組み」を仕事に定着させるために必要な条件です。**

チェックシートを自分の仕事だけでなく、社内で共有して使う場合には、左のような手順で作成・管理するといいでしょう。

図14_チェックシートを社内で共有するときのコツ

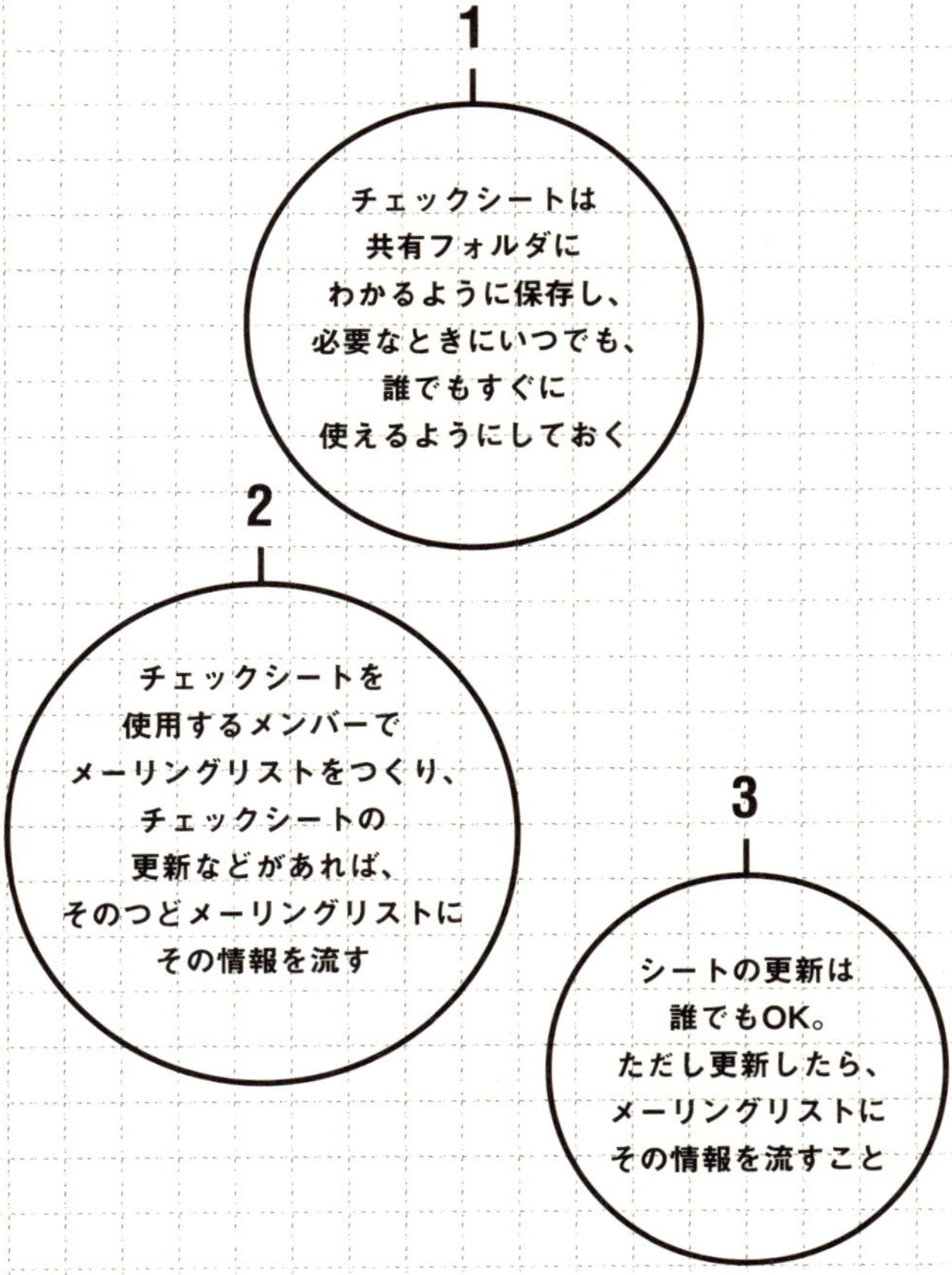
1
チェックシートは
共有フォルダに
わかるように保存し、
必要なときにいつでも、
誰でもすぐに
使えるようにしておく
2
チェックシートを
使用するメンバーで
メーリングリストをつくり、
チェックシートの
更新などがあれば、
そのつどメーリングリストに
その情報を流す
3
シートの更新は
誰でもOK。
ただし更新したら、
メーリングリストに
その情報を流すこと

PART___ 3

あらゆるタスクを一元管理する

STAGE___

01

データ管理の基本をおさえよう

「複数の会社を経営していて、いったいどうやってたくさんの仕事を管理しているんですか?」。ときどき、そんなことを聞かれます。

昔の私は、これまで何度か書きましたが、仕事の山をかかえて早朝から真夜中まで働いていた時期もありました。決して昔から要領が良かったり、段取り上手だったわけではありません。

しかし、ある2つの「仕組み」を仕事に取り入れることによって、私のワークスタイルは劇的に改善しました。

そのひとつは前章でご紹介した「『作業系』の仕事を徹底的に効率化すること」。そしてもうひとつが、本章で取りあげる「あらゆるタスクを一元管理すること」です。

なぜ一元管理が必要なのか？

一元管理とは、ひとことで言えば**「同じものをふたつ持たない」**ということです。たとえば、先月の営業資料を見て検討しようというときに、その資料が、会社のＰＣに入っているのか、自分のノートＰＣにも入っているのかわからなくなっていたり、あるいはそのどちらにも入っているけれど、どちらかが更新前の古いバージョンだったり……それでは困ってしまいますよね。このように一元管理がされていないと、それらを探したり確かめたりする時間も手間も、すべて無駄になります。

時間や手間は、すなわちコストであり、お金です（時給で考えればわかりやすいでしょう）。仕事を一元管理することによって、そういったロスをなくしていくわけです。

一元管理することが、なぜ「仕組み」につながるのか。まだピンとこない方もおられるかもしれません。そんな方は、「仕組み」の定義に戻って考えてみましょう。

そう、「仕組み」とは「誰が、いつ、何度やっても、同じ成果が出せるシステム」のことでしたね。たとえば、あなたが事故で入院することになったときに、あなたの仕事を他の誰かが代わりにできるようになっている――それが「仕組み」ができているということです。そんなとき、営業資料がどこにあるのか自分でもわからないようでは、話になりません。

「考えるべきこと」以外のことに頭を使わず、また記憶力にも頼ることなく、日々の仕事の山を効率的に処理していくために、あらゆるタスクを一元管理することは、きわめて役立つ「仕組み」となります。

一元管理のコツ①　ＰＣは１台をとことん使う

データを一元管理していくうえで、とくにポイントとなる事柄を説明していきましょう。**何より基本は、情報をとにかく１カ所に集約することです。**

自宅のデスクトップとノートＰＣを併用し使い分けている方がいらっしゃるかもしれません。しかしこれは情報の一元管理の観点からすると、好ましくありません。どのデータがどこに入っているのか、わからなくなってしまうからです。いちいちすべてのＰＣを開いて検索しないと探している情報の所在がわからないのでは、時間の無駄づかいです。

私の場合、ノートタイプのものを1台持ち歩いて、家でもオフィスでも外出先でも、それ1台ですべてをまかなっています。相当ハードに使いこむので消耗が激しく、これを言うとよく驚かれるのですが、年に2回はノートPCを買い替えています。**PCの動きが遅くなったことで失われる時間よりも、それを買い換える20万円のほうが安いと考えるからです。**私にとって、PCは消耗品なのです。

一元管理のコツ② なんでも放りこむ

情報を集約する場所（PC）が決まったら、次はそこに「とにかくなんでも放りこむ」のが重要です。

なぜかといえば、すべて放りこんでしまうことで、**「自分の頭で記憶しないですむ」**からです。82ページで「記憶より記録」と書きましたが、同じことです。自分の能力や脳を「記憶」に使うのはもったいない、必要なことはすべてPCに「記録」して、頭はそれ以外のところに使うというわけです。

🗂一元管理のコツ③　フォルダを細かく分けすぎない

ＰＣに入っているデータを細かくフォルダに分けて、サブフォルダなどの階層も何段階もつくっていくタイプの人がいます。マメで几帳面な性格であるほど、そういった傾向があるようです。見栄えはたいへん美しく、また他の人が操作する際にも見やすくて便利なのですが、しかし私は、**フォルダはできるだけ少なくして、あまり細かく分けすぎないことをお勧めします。**

理由は大きく2つあります。まず、フォルダが多すぎると、いかに秩序立っていても、次に探すときに「どこに何が入っていたっけ？」となって、意外と手間がかかることがひとつ。もうひとつの理由は、新しいタスクを入力するときに、どのフォルダに入れるかに頭を使い、迷うことになるからです。

現在のＰＣ、たとえばウィンドウズのヴィスタやgoogleデスクトップなどは検索機能が優れていますので、フォルダに関係なく、検索で拾ってくれます。

たくさんフォルダをつくって細かく分類するよりも、ある程度おおざっぱな分類でフォルダをつくっておいて、そこにダーッとデータを放り込んでおく——それで十分です。

一元管理のコツ④　ファイル名にルールをつくる

フォルダでの分類はおおざっぱである代わりに、ファイル名にはルールをつくって、きっちり管理するのがポイントです。

たとえば、いま執筆しているこの本の原稿のファイルをつくるとしましょう。そのとき、ファイル名は、**「071225仕組み仕事術3章ディスカヴァー原稿」**として、「出版関係」フォルダに保存します。

こうすると、まず「出版関係」フォルダの中で、時系列順にひと目で一覧できます。また、PC内で検索すれば「仕組み仕事術」「仕組み」「3章」でも引っかかりますし、出版社名の「ディスカヴァー」でも見つけることができます。

このように、**検索するであろう単語を入れたファイル名をつけて一度保存したら、あとはファイル名も、ファイルを入れた場所も、全部忘れてしまって大丈夫。**「記憶力に頼る」必要がまったくなくなるのです。

もちろん、皆さんが私と同じ様式でファイル名をつける必要はありません。各自が見やすく、検索しやすいようなルールをつくって、それに沿ってファイル名をつけてください。

一元管理のコツ⑤ 「その他」フォルダをつくる

コツ③で、フォルダを細かく分けすぎないようにと書きました。そうすると、どのフォルダにも入らないもの、どのフォルダに入れればいいのかわからないものが出てきます。その場合は、新しいフォルダをつくるよりも、「その他」フォルダに入れておきます。当面必要ではないけれど、捨てられないようなファイルも、みんなここに入れます。

ＰＣ上のデータの整理については、人それぞれのやり方があります。ここではあくまで私のやり方をごく簡単にご紹介してきましたが、ポイントは、**「記憶しないですむこと」「毎日繰り返される〝探す時間〟をできるかぎり減らすこと」**です。

一元管理のコツ⑥　バックアップを「仕組み化」する

コツ①で、PCは1台に集約するべきだとお話ししました。しかし、1台に集約すると、そこでPCが壊れてしまったり、データに問題があったりしたとき、どうにもならなくなってしまいます。そこで重要なのが、バックアップを「仕組み化」することです。

「バックアップは、気がついたときにやってるよ」

そうおっしゃる方もいるでしょう。しかし、それでは不十分です。気がつかなかったら、いつまでもバックアップしないからです。それよりも、**たとえば週1回、毎週木曜日の朝一番にバックアップをとることに決めるなど、日々のルーチンワークの中にバックアップをとることを組み入れてしまうのです。**

STAGE___ 02

TO DOリストを使って、あらゆるタスクを一元管理

私のような経営者のみならず、企業に勤めるビジネスマン、あるいは仕事とプライベートを両立させたい女性の場合でも、ひとりの人間が同時に多くの仕事をかかえ、同時並行でそれらを進めるのが当たり前の時代となっています。

そんななかで、大小さまざまなタスクを管理するためのツールとして、私はTO DOリストを活用しています。**TO DOリストは、仕事の山に埋もれることなく、自分の日々の行動を「仕組み化」するのに、たいへん有効なツールです。**本章では、この「TO DOリスト」を中心に説明していきましょう。

PCのタスク管理機能を活用する

ＴＯ ＤＯリストというツールは比較的ポピュラーです。市販の手帳の多くにＴＯ ＤＯ記入欄が付いていますし、ノートやメモ帳に自分で書いてつくっている人もいるでしょう。

ＰＣでタスクを管理する人も増えています。サイボウズ（http://cybozu.co.jp/）などのグループウェアや、チェックパッド（http://www.checkpad.jp/）、リメンバー・ザ・ミルク（http://www.rememberthemilk.com/）といったオンラインサービスなど、インターネットで探せばたくさん見つかります。google カレンダーや yahoo! カレンダーなどを活用している人もいるでしょう。

私は、タスク管理はアナログの手帳よりもＰＣを使うことをおすすめします。というのは、ＴＯ ＤＯリストは（その人の仕事や環境にもよりますが）毎日や毎週、毎月定期的に行うルーチンワークを繰り返し記入することが多いからです。アナログの手帳だと、毎回そのつど手書きで記入する時間と手間がかかってしまいます。その点、ＰＣは簡単にコピー＆ペーストできるのが利点です。

また、その日できなかった予定を翌日に繰り越すこともあるでしょう。その場合も、ＰＣのソフトを使っていれば、日付を変えるだけですみますから、やはり便利です。

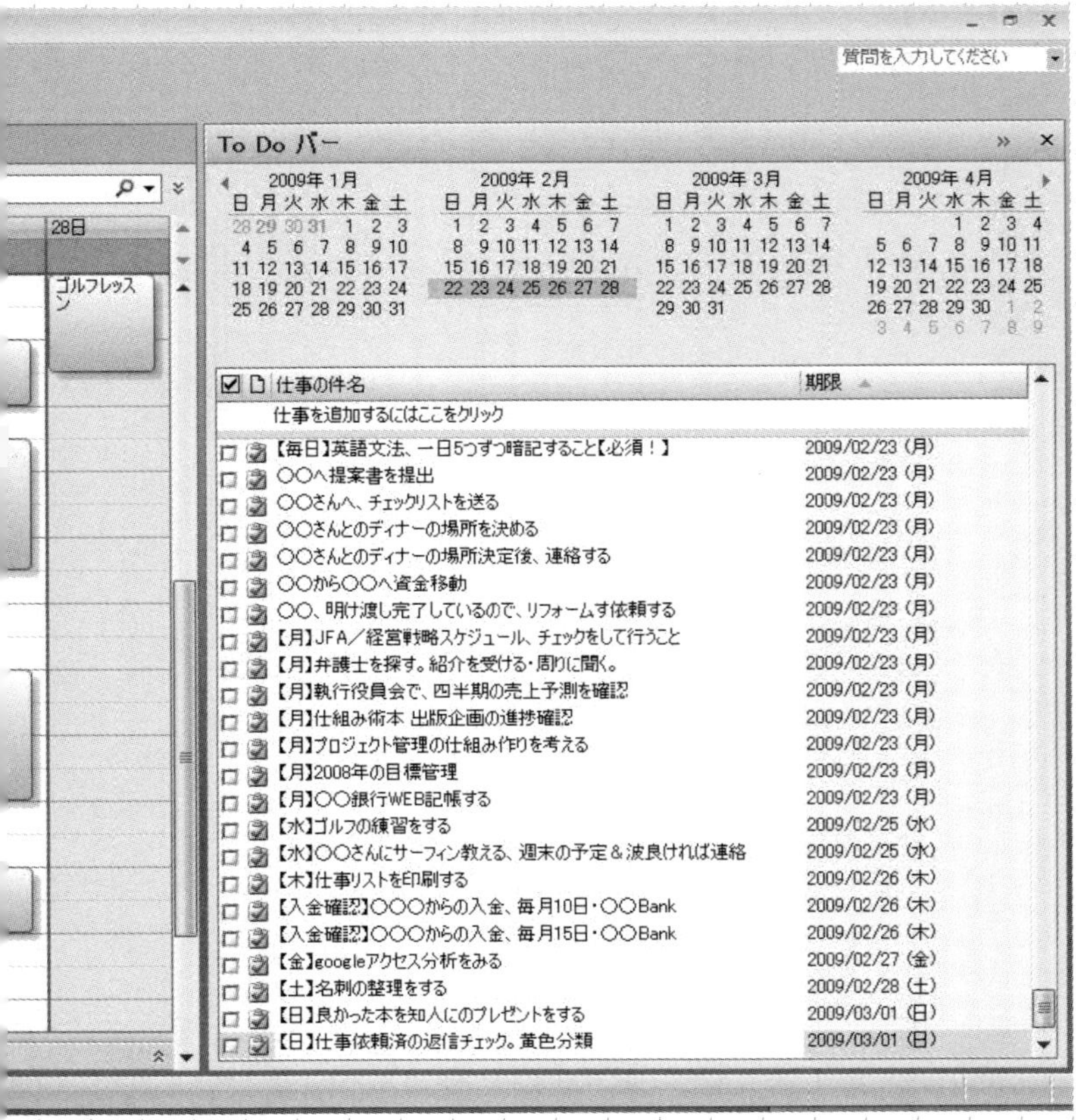

質問を入力してください

To Do バー

2009年 1月	2009年 2月	2009年 3月	2009年 4月
日 月 火 水 木 金 土	日 月 火 水 木 金 土	日 月 火 水 木 金 土	日 月 火 水 木 金 土
28 29 30 31 1 2 3	1 2 3 4 5 6 7	1 2 3 4 5 6 7	1 2 3 4
4 5 6 7 8 9 10	8 9 10 11 12 13 14	8 9 10 11 12 13 14	5 6 7 8 9 10 11
11 12 13 14 15 16 17	15 16 17 18 19 20 21	15 16 17 18 19 20 21	12 13 14 15 16 17 18
18 19 20 21 22 23 24	22 23 24 25 26 27 28	22 23 24 25 26 27 28	19 20 21 22 23 24 25
25 26 27 28 29 30 31		29 30 31	26 27 28 29 30 1 2
			3 4 5 6 7 8 9

	仕事の件名	期限
	仕事を追加するにはここをクリック	
☐	【毎日】英語文法、一日5つずつ暗記すること【必須！】	2009/02/23 (月)
☐	○○へ提案書を提出	2009/02/23 (月)
☐	○○さんへ、チェックリストを送る	2009/02/23 (月)
☐	○○さんとのディナーの場所を決める	2009/02/23 (月)
☐	○○さんとのディナーの場所決定後、連絡する	2009/02/23 (月)
☐	○○から○○へ資金移動	2009/02/23 (月)
☐	○○、明け渡し完了しているので、リフォームす依頼する	2009/02/23 (月)
☐	【月】JFA／経営戦略スケジュール、チェックをして行うこと	2009/02/23 (月)
☐	【月】弁護士を探す。紹介を受ける・周りに聞く。	2009/02/23 (月)
☐	【月】執行役員会で、四半期の売上予測を確認	2009/02/23 (月)
☐	【月】仕組み術本 出版企画の進捗確認	2009/02/23 (月)
☐	【月】プロジェクト管理の仕組み作りを考える	2009/02/23 (月)
☐	【月】2008年の目標管理	2009/02/23 (月)
☐	【月】○○銀行WEB記帳する	2009/02/23 (月)
☐	【水】ゴルフの練習をする	2009/02/25 (水)
☐	【水】○○さんにサーフィン教える、週末の予定＆波良ければ連絡	2009/02/25 (水)
☐	【木】仕事リストを印刷する	2009/02/26 (木)
☐	【入金確認】○○○からの入金、毎月10日・○○Bank	2009/02/26 (木)
☐	【入金確認】○○○からの入金、毎月15日・○○Bank	2009/02/26 (木)
☐	【金】googleアクセス分析をみる	2009/02/27 (金)
☐	【土】名刺の整理をする	2009/02/28 (土)
☐	【日】良かった本を知人にのプレゼントをする	2009/03/01 (日)
☐	【日】仕事依頼済の返信チェック。黄色分類	2009/03/01 (日)

図 15_アウトルックで TO DO リスト、スケジュール、メールを連動させる

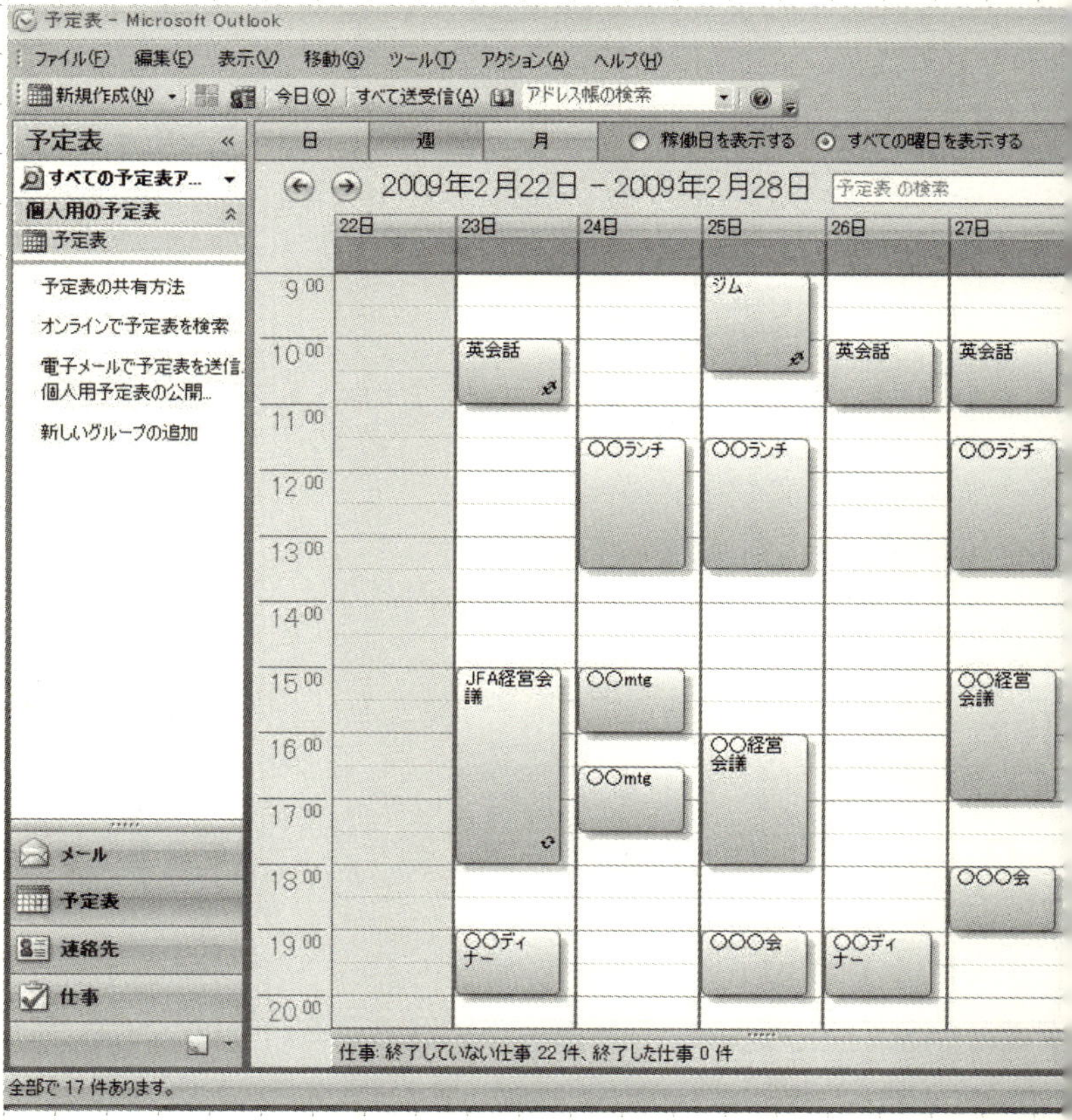
予定表 - Microsoft Outlook
ファイル(F) 編集(E) 表示(V) 移動(G) ツール(T) アクション(A) ヘルプ(H)
新規作成(N) 今日(O) すべて送受信(A) アドレス帳の検索
予定表
すべての予定表ア...
個人用の予定表
予定表
予定表の共有方法
オンラインで予定表を検索
電子メールで予定表を送信
個人用予定表の公開...
新しいグループの追加
メール
予定表
連絡先
仕事
日 週 月
稼働日を表示する
すべての曜日を表示する
2009年2月22日 - 2009年2月28日
予定表 の検索
22日 23日 24日 25日 26日 27日
9 00
10 00
11 00
12 00
13 00
14 00
15 00
16 00
17 00
18 00
19 00
20 00
ジム
英会話
英会話
英会話
○○ランチ
○○ランチ
○○ランチ
JFA経営会議
○○mtg
○○経営会議
○○mtg
○○経営会議
○○○会
○○ディナー
○○○会
○○ディナー
仕事: 終了していない仕事 22 件、終了した仕事 0 件
全部で 17 件あります。

タスク管理機能を持つソフトウェアは、有料、無料のサービスも含めてさまざまリリースされていますから、皆さんそれぞれお試しになるといいでしょう。使いやすさや皆さんがお使いになっているＰＣとの相性もあると思います。

ただ私が試したかぎりでは、グループウェアやオンラインサービスは総じて、ネットワークで共有できるというメリットがある反面、ログインしてアクセスして……というところで時間がかかるのが、せっかちで思いついたらすぐに入力したい私には、少々不満です。

そこで私が重宝しているのは、マイクロソフトのアウトルックです。その魅力は、ネットワークを介さないぶん、表示速度が速いこと、そして何より、**ＴＯ ＤＯリストとスケジュール機能、メールを一元管理できること**です。前ページの画像を参照ください。

もちろんアウトルックが万能ではありませんし、マッキントッシュでは使えないなどの制約もありますから、皆さんは実際に使ってみて、いちばんしっくりくるものをお使いになるのがいいでしょう。

とにかく、なんでも迷わずリストに入れる

一元管理のコツ①でも書きましたが、私がTO DOリストをつくるうえでこだわっているのは、「とにかくなんでもリストに入れる」ということです。

書類の作成、アポイント、出入金管理のような定番的、定例的な項目から、名刺の整理、WEBのチェックといった細かい項目まで。ある日鞄の中にペンを入れ忘れたことに気づいたら、すぐにその日の項目に「ペンを鞄に入れる」と入れます。**このように、気になることや思いついたことがあれば、迷わずリストに加えます。**

「作業系」の項目だけではありません。「プロジェクト管理の仕組みづくりを考える」のように「考える系」の項目まで、あらゆるTO DOをリストに入れています。

アイディアやメモは、自分宛にメールを送る

電車で移動しているときや打ち合わせ中など、今すぐ手許にPCがないときもあるので

しょう。そんなときにかぎって、アイディアがひらめいたりするものです。

たとえば、誰かと打ち合わせをしているときに、誰かが余談で「こんな本を読んで面白かった」と話したとします。**そんなとき私は、忘れてしまう前にパパッと書名をメモして、手が空いたときに自分宛にメールを送るようにしています。**

メールボックスに入っていれば、自分が忘れていても、検索したり見直したりすれば、すぐに思い出すことができます。またアウトルックの場合、メールと予定とＴＯ ＤＯリストの３つを連動させることができるので、ふとした思いつきやメモをそのまま予定表やＴＯ ＤＯリストに入れられるので、たいへん便利です。

また私は、ビジネスアイディアもＴＯ ＤＯリストで管理しています。

たとえば数年前に米国のスーパーマーケットで「ギフトカード」というものを見つけました。これはマクドナルドやスターバックスなどで使えるプリペイドカードのようなもので、米国では記念品のプレゼントなどに使われているものでした。私は日本でもいずれ流行するだろうと直感したものの、その時点ではまだ時期尚早に思えました。

しかし思いついたビジネスアイディアを忘れないために、まず見つけたその場から自分宛にメールで送り、それを毎月10日にアウトルックで表示されるよう管理しています。私にはこういったビジネスアイディアをつねに50以上持っており、タイミングがきたときにすぐに実行できるように準備しているのです。

目標管理やモチベーション維持も「仕組み化」できる

私は、「作業系」「考える系」以外にも、あらゆるタスクをＴＯ ＤＯ管理しています。

①毎日、毎月行うこと

スケジューラソフトやオンラインサービスなどを利用して、毎日、毎月行うこと（ルーチンワーク他）はＴＯ ＤＯリストに入れて、毎日あるいは毎月、アウトルックに表示させます。

ＴＯ ＤＯの項に【 】があるものは、基本的に毎週○曜日にやることや、毎月×日に行うことです。アウトルックを使うと、その作業が終わるときにチェックを入れておくことで、すぐ自動的に翌週に期限設定されるので、とても便利です。

ルール：
定期的なTo Doは頭に曜日を入れる、
仕事（月木）、趣味（水）、確認（日）

まずはルールを
忘れないように
書いておく

✓	内容	期限日
□	【1】記帳／○○銀行／○○銀行	
□	【1】記帳WEB／○○銀行／○○銀行／○○銀行、エクセル保管	
□	【1】PCデータバックアップ／外付けHDDへコピーする	
□	【1】月末振り込み、エラーになっていないか確認	
□	【5】源泉税納付	
□	【5】○○○の会を開催（2箇月に1回）	
□	【10】ファイナンシャルマガジンの最終発行確認	
□	【10】AMEX／毎月10日・○○Bankより引落	
□	【10】○○社／会計士へ書類送付	
□	【20】JFA／インセンティブ計算する	
□	【20】JFA／給与明細作成	
□	【20】JFA／給与振り込み手続き	
□	【25】○○社／月末送金手続き	
□	【25】○○社／月末送金手続き	
□	【25】○○社／月末送金手続き	
□	【31】人事評価／JFAスタッフ全員	
□	【31】現金チェック	
□	【31】個人目標／年の1／3はハワイに住む!	
□	運転免許書更新、誕生日の一カ月後まで	
□	【納付】固定資産税4、6、7、9、12、2月末、金額確認	
□	オイル交換をする（半年に一度）	
□	誕生日／○○○○さん×月×日	
□	JFA／正月休みを決める（毎年10月）	
□	花粉症の予防接種をする（毎年1月）	
□	人間ドックに行く（毎年6月）	
□	パスポートの更新期限／更新手続きをする（2010年10月）	

毎月日付で決まって
いるものは、頭に日
付を入れて管理

数年後の期限も
チェックリスト
に入れておく。

図16_毎月、毎週、毎日、定期的にチェックしている To Do リスト

✔	内容	期限日
☐	【毎日】英語文法、一日5つずつ暗記すること【必須!】	
☐	○○へ提案書を提出	
☐	○○さんへ、チェックリストを送る	
☐	○○さんとのディナーの場所を決める	
☐	○○さんとのディナーの場所決定後、連絡する	
☐	○○から○○へ資金移動	
☐	○○、明け渡し完了しているので、リフォームす依頼する	
☐	【月】JFA／経営戦略スケジュール、チェックをして行うこと	
☐	【月】弁護士を探す。紹介を受ける・周りに聞く。	
☐	【月】執行役員会で、四半期の売上予測を確認	
☐	【月】仕組み術本出版企画の進捗確認	
☐	【月】プロジェクト管理の仕組み作りを考える	
☐	【月】2008年の目標管理	
☐	【月】○○銀行WEB記帳する	
☐	【水】ゴルフの練習をする	
☐	【水】○○さんにサーフィン教える、週末の予定&波良ければ連絡	
☐	【木】仕事リストを印刷する	
☐	【入金確認】○○○からの入金、毎月10日・○○Bank	
☐	【入金確認】○○○からの入金、毎月15日・○○Bank	
☐	【金】googleアクセス分析をみる	
☐	【土】名刺の整理をする	
☐	【日】○○○マンションの売り物件を探す	
☐	【日】良かった本を知人にプレゼントをする	
☐	【日】仕事依頼済の返信チェック。黄色分類	
☐	【1】○○社／○期売上目標○○○円	
☐	【1】○○○ファンドの価格確認する	

← 急ぎではないが、継続的に気にとめておくような項目（【月】弁護士を探す。紹介を受ける・周りに聞く。）

← 目標は、毎週PCで管理して、いつでも意識できるようにする（【月】2008年の目標管理）

← ルーチンワークは記憶しない（【月】○○銀行WEB記帳する）

← PCが壊れてもこのリストが残るように必ず週に一度プリントして紙で残しておく（【木】仕事リストを印刷する）

← 定期的に探しているものを忘れないように（【日】○○○マンションの売り物件を探す）

← 自分が他人に依頼した仕事を、自分で管理する。他人任せにしない（【日】仕事依頼済の返信チェック。黄色分類）

②長期的な予定

「歯医者に行く」「定期検診」「年賀状の準備」など、半年後や1年後にしようと思っていることや年1回のタスクも項目に入れます。入れておくことで、安心して記憶から消すことができるというわけです。

③会社経営に関する数字

売上げ目標、資金管理のような経営に関係する数字も、TODOリストで管理できます。たとえば、今月の月次の売上げ目標を1億円と考えたら、「今月の目標は1億円！」という項目を作成し、毎週、アウトルックで表示されるようになっています。それにより、自分の潜在意識に数字を植えつけてしまうのです。

④具体的に実行する時期が決まっていないもの

たとえば青山のレストラン○×○×が美味しかったという話を友人に聞いたら、さっそく「青山のレストラン○×○×に行く」という項目を入れて、週に1度、または月に1度のペースでリマインドします。そうすると、いざ会食の場所を探す機会がきたり、仕事帰りに社員を連れて食事に行くことになったりしたとき、「ああ、そういえばここがあった！」というふうになるわけです。

また「弁護士を探す」のように、**急ぎではないが継続的に気にとめておくようなことも項目として入れておきます**。こういったことは、ふだん考えついてもすぐに忘れてしまうものですが、ＴＯ ＤＯリストに入れることで、ＰＣの画面上で定期的にリマインドしておけば、そのたびに思い出しますから、

「ああ、そういえばきのう参加したパーティーに有能そうな弁護士がいたな。名刺交換したから連絡をとってみよう」

というふうに結びつくこともあるかもしれません。

⑤目標や元気の出るフレーズ

「年の3分の1はハワイに住む！」のような大きな目標や、会社・チームで決めた目標、本を読んで気に入った名言、元気の出るフレーズを入れることもあります。

これらを毎朝、あるいは週に一度でも目にするようにしておけば、モチベーションの維持も「仕組み化」できるのです。

STAGE___
03

一日かかっていた仕事が2時間で終わる！「考えない」仕事術

私の一日の仕事は、毎朝ＰＣを開くところから始まります。

ＰＣを起動させると、アウトルックの設定により、その日のＴＯ ＤＯリストがずらりと一覧で表示されます。リストには、すぐにできる確認事項からルーチンで定期的にやってくる仕事、「作業系」タスク、「考える系」タスク、今年の目標、あるいは気にとめておきたいメモまで。すべて合わせると、私のＴＯ ＤＯリストには約５００の項目が並んでいます。そのうち1日に上がってくるリストは、日にもよりますが、だいたい30～40くらいの項目が並んでいます。

優先順位をつけずに、楽なタスクから一気に片づける

図17_楽なタスクから機械的に片づけていく

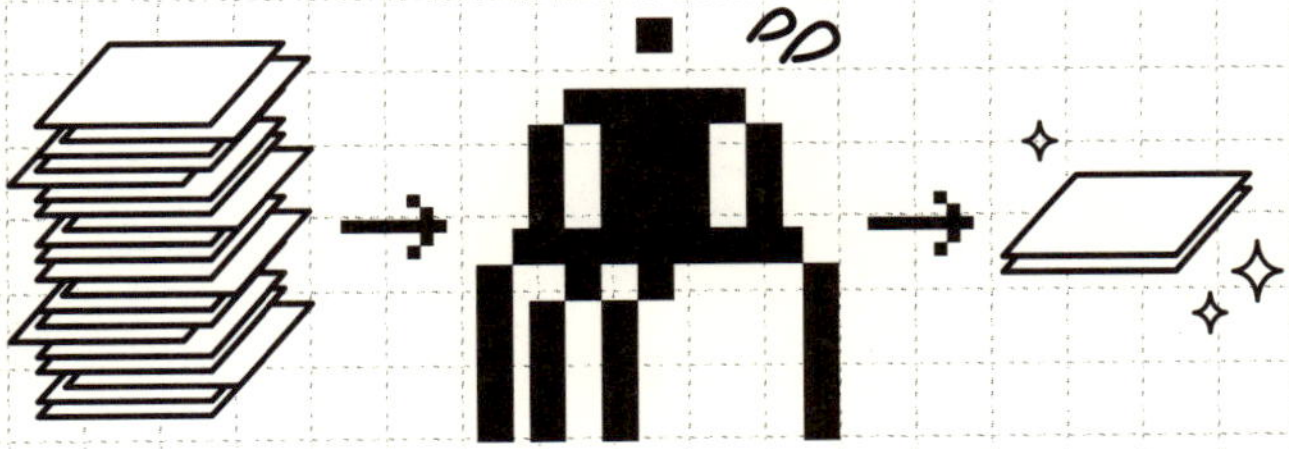

私の場合、まずリスト全体を見渡して、じゃあこれをやって、あれをやってと、**楽にできそうな「作業系」タスクから順番に、どんどん片づけていきます**。たとえば朝の次の予定までに1時間あるようでしたら、1時間でこの5つはできるだろうとイメージして、あとはただひたすら、工場の機械のように仕事を処理していくことに集中します。

すぐにできるわけではない「考える系」タスクは、この時点ではとりあえず手をつけずに置いておきます。まずは「作業系」タスクを、とにかく考えずに処理していくことが必要です。

TO DOリストは、仕事を効率的に進めるための「仕組み」ですから、そこに「面倒くさい」「やりたくない」といった感情や「意志の力」を介在させないようにします。思考や判断の余地をさしはさまずに処理していくことがポイントです。

TO DOリストの項目に、優先度の高い順にA、B、Cとランクづけをしたり、重要度や緊急度で分類するやり方もあるようですが、**私の場合は、そういったことは一切やりません**。「優先順位はどっちが高いかな……」などと判断の余地を入れると、私の場合、仕事の処理スピードはガクッと下がってしまうからです。あくまでも「頭を使わない」のがキモです。

また「すきま時間」の活用においても、この方法はとても役に立ちます。たとえば来客の前に5分の空き時間ができたとき、あいるはミーティングがキャンセルとなり1時間の空白ができたときなど、このTO DOリストを見て、5分でできる簡単な仕事や、1時間かかる仕事などを適宜ピックアップし、処理していけばいいのです。

仕事を選択する判断基準は、「重要度」ではなく「処理時間」なのです。

「作業系」はすべて朝のうちに終わらせる

このやり方に慣れれば、「作業系」タスクは、それまでだらだらと何時間もかけてやっていたのは何だったのかというくらい、驚くほどスムーズに処理できるようになります。もちろんその人の業務量にもよるでしょうが、**私の場合、その日の「作業系」タスクは、相手があるような仕事を除き、だいたい早朝の1、2時間で終わってしまいます。**かつては夜中までかかっても片づかなかった仕事が、です。

早朝をお勧めする理由は、それがいちばん集中して作業に取り組める時間だからです。早朝でないと、電話やメールが入ったり、いきなり誰かから話しかけられたりなどの邪魔が入ってきますから、作業がそのつど中断されてしまいます。いったん切れた集中力を取り戻すのには、時間がかかります。そうしたタイムロスをできるかぎりなくすことが大事です。

早朝であれば、そうした邪魔はほとんど入りませんから、自然と集中力も高まり、気分も冴えたなかで仕事を進めることができるのです。

こうやって、たとえば朝の1時間のあいだに30個のTO DOを片づけられたりすると、**仕事をするのが楽しくなってきます。**このように仕事をきっちり完了させていく気持ちよさを毎朝味わうことを習慣づけることも、ひとつの「仕組み化」といえます。

「考える系」は定期的にリマインドして、潜在脳に植えつける

「考える系」タスクの難しいところは、時間を費やしたからといって、そこで必ず良いアイディアが生まれ、クリエイティブに案件が解決するとはかぎらないことです。何時間もかけて頭をひねっても、知恵が出てこないときは本当に出てこない。逆に、パッとひらめいたら、その勢いでどんどん良いアイディアが出てきたりします。

私は、その良いアイディアが出る瞬間をつねに待っています。しかし、そのことが頭にない状態では、出てくるアイディアも出てきません。

そこで、そのことについて忘れないために、私は「考える系」タスクをTO DOリストに入れて、毎週月曜日、毎月○日というような周期で、定期的に認識するようにしています。そうすることで、自分にリマインドするわけです。

たとえば「A社の○○戦略について考える」というタスクだったら、毎週月曜日になると、このタスクがPC上に表示されるので、**少なくとも毎週月曜は、一日中、A社の○○戦略のことが頭の中に残っています**。そして、たとえばお昼ごはんを食べているときや電車で移動しているときなどに、このことを考えます。

そこで何かアイディアが出てきたら、すぐにそれをメモするなどして、一気に発想を広げていくわけです。残念ながら良いアイディアが出てこなかったら、そのまま深追いせずに、翌週の月曜に再度考えることにします。

その日に終わらなかったタスクはどう処理するか

このやり方を習得すれば、一日の「作業系」タスクのほとんどは、午前中に片づいてしまうようになります。もちろん、出張中などには、全部が片づかないこともありますが、それも翌日に繰り越せば、だいたい処理できるでしょう。

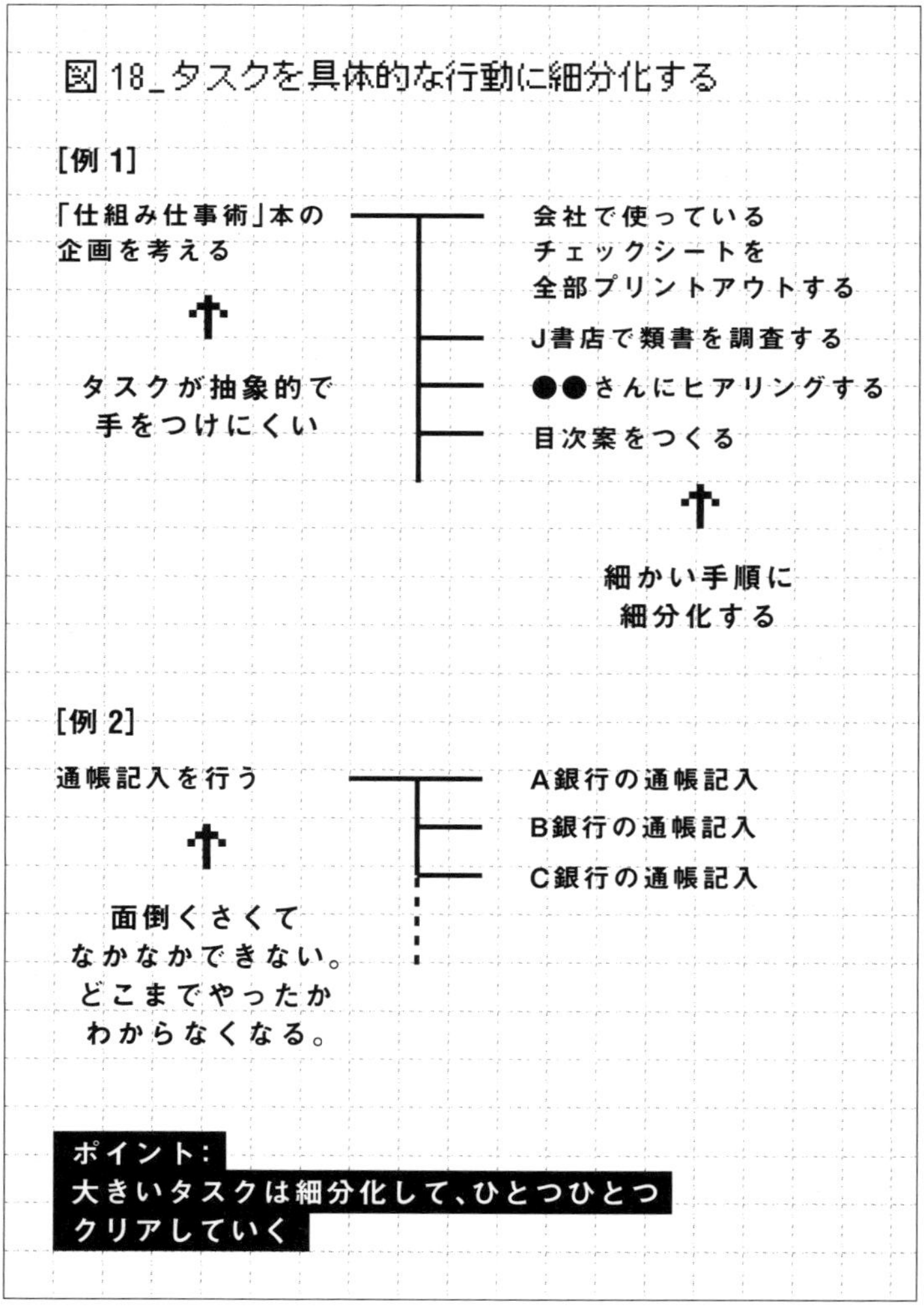
[例1]
「仕組み仕事術」本の企画を考える
タスクが抽象的で手をつけにくい
会社で使っているチェックシートを全部プリントアウトする
J書店で類書を調査する
●●さんにヒアリングする
目次案をつくる
細かい手順に細分化する
[例2]
通帳記入を行う
面倒くさくてなかなかできない。どこまでやったかわからなくなる。
A銀行の通帳記入
B銀行の通帳記入
C銀行の通帳記入
ポイント：
大きいタスクは細分化して、ひとつひとつクリアしていく

図18_タスクを具体的な行動に細分化する

それでも片づかないタスクがあったら、それはタスク自体に問題があると考えましょう。問題というのは、大きく2つのパターンが考えられます。

①タスクが抽象的あるいは複雑であるため、手がつかない、途中で止まってしまう

②あなたにそのタスクをやる気がない

①の場合は、タスクを見直して、より具体的な行動に細分化するといいでしょう。次ページの図や、チェックシートの章の「できるだけ細かい手順に落としこむ」（92ページ）を参考にしてみてください。

②の場合は、今はそのタスクをやる時期ではなかったということです。あきらめてスパッと消してしまいましょう。消すか否かで悩んだり、消すことに罪悪感を持つ必要はありません。やっぱり必要になったら、そこでもう一度リストに入れ直せばいいのです。

「感情を入れない」。それが効率的に仕事を片づける最大のポイントです。

STAGE___ 04

メール処理に「仕組み」をつくる

私は一日にメールを、5000~1000通は読んで処理しています。

メールの数が多いのには理由があります。それは、ほぼ全ての社内業務がメール（メーリングリスト）を通じてやりとりされているため、スタッフ全員のメールが私のPCに入ってくるようになっているからなのです。

仮に一通のメールを読むのに1分かかるとしたら、単純に計算してもそれだけで8~16時間です。メール処理だけで、丸一日つぶれることになります。しかしそれでは仕事になりませんので、**私はこの量のメールを、毎日2時間程度で処理します。**

この項では、そんな私が行っている5つのメール「仕組み」術をご紹介しましょう。この5つを行うだけで、絶え間なくやってくるメールの山に振りまわされずに、効率よく仕事ができるようになります。

メールのルール① その場で返信する

メール処理にかかる時間は、大きく3つに分けて考えることができます。

(i) 受信メールを読む時間
(ii) 返信内容を考える時間
(iii) 返信内容を打つ時間

同じメールを何度も読み返しながらじっくり考える人も多いようですが、私は(i)に時間をかけたくないため、**メールを読むのは必ず1回だけと決めています**。そうすると、あとは(ii)(iii)だけで済みますから、すぐに処理できるのです。

手が空いていないときや、考える時間がないときにメールを読んだ場合など、どうしても「その場で返信」できないこともあります。そのときはすぐにそのメールにフラグを立てて、他の既読メールと分けて保管します。そして時間ができたときに、そのフラグメールを一気に返信するのです。

ただしその場合、一度読んだ文章を再度読むことになりますから、そのぶんどうしても時間ロスが生じます。ですから、できるかぎり読んだその場で返信する「仕組み」を守っているのです。

メールのルール②　5秒以上、判断に時間をかけない

普通はメールを読んだあと、返信内容をじっくり考えてしまいがちです。几帳面な人ほど、しっかりとした内容を返信しようと思い、ああでもないこうでもないと頭を悩ませる傾向があります。

私の場合は、考える時間を減らすために、考える時間は5秒以内と決めています。

メールの返事は長く考えたからいいということはありません。ほとんどの場合は、そのときに自分が持ち合わせている判断材料と照らし合わせて、それに沿った返事をするだけですから、5秒もあれば十分です。判断材料が足りなければ、その旨を相手に伝えて、判

断自体は保留にしても構いません。とにかく、**未完了のまま何日もメールを放置しておくというのが、いちばんやってはいけないことです。**

また、丁寧な文章を書こうとして時間がかかってしまう、というのもよくあるパターンです。しかしメールに関してはたいていの場合、短くても当を得た回答さえしていればいいわけで、表現に時間をかけることはありません。

私の会社では、社内メールの場合、文章をシンプルにし、結論だけを数行で書くようにというルールをつくっています。社外の方に対してはもちろん別ですが、社内の業務に関しては、結論のみを書けばOKなのです。こうすることで、シンプルに結論を考える習慣もつけることができます。

メールのルール③　文章は20行以内にまとめる

多くのメーラー（メールソフト）の場合、スクロールせずに一画面で閲覧できる行数は、20～30行程度に限られています。私はメールを書く際に、できるかぎりメールの行数を減らして、1ページで内容が読み切れるようにしています。そうすれば、読む相手にとってスクロールする時間と労力が削減できるのです。

そのため社内のメーリングリストなど回答の必要がないメールに関しては、一通2～3秒程度で済む「仕組み」になっています。

メールのルール④　選択肢を2つ以上用意する

これはメールの相手に対しての気遣いでもあるのですが、私はできるかぎりメールの回数を減らすためのルールをつくっています。

例えば企画提案、日程調整、場所の連絡など、必ず一度の回答で済むようなメールの書き方をします。たとえば日程調整であれば、左のように複数を選択できる形で送ります。

3月10日（月）15時～
3月11日（火）10時～、16時～
3月15日（金）15時～

こうすれば一度で回答ができるうえ、相手の考える時間も節約することができます。

私「いつが宜しいですか?」↓相手「○月○日○時でお願いします」↓私「場所はどうしますか?」↓相手「○○○でお願いします」

などというメールのやりとりは、手間がかかるだけで、時間の無駄です。一度でメールを完結させるための「仕組み」をつくるのです。

たまに長い文章になるメールもあります。そのような時は、箇条書きにするといいでしょう。たとえば、次のページをご覧ください。左のような長い文章になると、読む人が疲れてしまいます。

長くなる文章は特に、シンプルにするのがポイントです。右のように箇条書きにすることで、文字数もグッと減り、とても見やすくなってくるのです。

◎箇条書きにすることで、読む側の頭にすっと入ってくる

この企画のポイントは3つです。
・新規顧客獲得のため
・○○○のブランディング
・○○層のマーケティング

この企画にかかる収入予測
・参加料　○○円
・協賛金　○○円
・計　　　○○円

この企画にかかるコスト予想
・会場費　○○円
・広告費　○○円
・計　　　○○円

当社で行うこと
・新規顧客に対する資料作成
・マーケティング分析
・会場運営

御社にお願いしたいこと
・○○○ブランディングのための提案
・協賛企業へのコンタクト
・商品提供

✕ 長すぎて、相手が読む気にならないメール

いつもお世話になっております。

ご一緒させていただく予定のプロジェクトですが、
この企画のポイントは、新規顧客のためと、
○○のブランディングと、○○層のマーケティングです。

私が考えておりますこの企画の収入予測は○○円で、
その内訳として参加料で○○円、
協賛金として○○円となります。

一方で支出の方ですが
会場費に○○円、広告費に○○円、となりますので
合計○○円となる予定です。

また当社では、今までの経験から
新規顧客に配布するための資料作成を行う予定でおります。

その他にも、マーケティング分析を行い、
貴社へご提供することが可能です。

また会場運営に関しましても、当社の得意分野でありますため、
ぜひお任せいただければと存じます。

また、御社にお願いしたい件がございます。
○○○ブランディングのためのプロジェクトを行うため、
こちらのプロジェクトの企画立案をお願いできますでしょうか？
また、協賛企業へのコンタクトおよび営業活動、
貴社の○○の商品提供もお願いできましたら幸いです。
〜〜

こうすると誰もがすぐにメールの内容を理解することができ、読む時間も書く時間も、そして判断する時間も削減できるのです。

そして、一度こういうメールを送信しておけば、だいたいはその後の返信のメールもシンプルにまとまった書式で戻ってくるため、二重の効果があるのです。

私の経営する会社では、このようなメールの書き方をルール化するために、社外企画用、社内提案用、マニュアル用など複数の「ひな形」をつくって社内で共有しています。

メールのルール⑤　24時間ルール

小社では、社内から生まれる企画や改善の提案を大切にしています。

「社内の声を大切にする」と言いながらも、実際は経営者のワンマン経営——どこの会社でもよくあることかもしれませんが、小社はそうならないよう、スタッフ全員がいつでも提案でき、それを実行につなげるための「仕組み」をつくっています。

そのひとつとして、ここでは「24時間ルール」を紹介しましょう。

小社では、誰のものであれ、提案は全スタッフにメールで流れるようになっています。そして、それに対して**24時間以内に拒否や他の意見がなければ、自動的に「承認」となる**——**それが「24時間ルール」です。**

普通の会社では、新しい提案があったら、稟議書や企画書に役員のハンコがたとえば5個そろうと「ゴー」となります。しかし、なかなか上司のハンコが揃わなかったり、「もうちょっと考えてみよう」などと言ってそのまま放置されてしまったりと、せっかく提案があっても、時間だけが過ぎてしまう会社は多いと思います。

しかし小社はそうではなくて、ハンコがひとつもなければ「ゴー」。何かまずいことがあるとチェックが入り、ストップがかかりますが、それがない限りは自然に流れていくわけです。

人は、新たにアイデアや改善点を考えるよりも、他人の出したアイデアや企画に、批判する方が頭を使いません。

たとえば、「売上げを上げるためにできることをひとつあげよ」という課題があったとしたら、とても頭を使いますし、なかなか意見は活発化してこないのが現実です。

しかし、もしも他のスタッフが練りに練って考えて、「この商品を、○○ショップに置くと売上げが上がる」という具体的提案をだしてきた場合には、回答がとても楽になります。

その提案が良ければ、

「それいいね！」

「すぐやりましょう！」

「○○ショップの店長は知り合いです」

などと言えますし、良くなければ

「もうそれはやったことがあるけど、ダメだったよ」

「○○ショップの客層は男性ばかりだから難しい」

「それより××ショップの方がいいんじゃない？」

という意見はすぐ出てくるのです。

24時間ルールという「仕組み」をつくったことで、小社ではベテランスタッフや新人、アルバイトから提案されたアイディアがいくつも実行されるようになり、また、その提案に対する意見というかたちで、社内の議論が目に見えるように活性化しました。またそれによって、社内の風通しもグッと良くなりました。

そうして、社内の進化のスピードが一気に向上したのです。

STAGE___

05

情報収集も「仕組み化」しよう

インターネットのおかげで、私たちは今や、ものすごい量の情報に囲まれて生きています。そうしたあふれる情報の中で、自分に必要な情報、自分が欲しい情報をできるかぎり効率的に収集し整理するためには、どうすればいいのか……そこでも「仕組み」を活用することができます。

一元管理からは少し話がそれますが、ここで「仕組み」情報術について、少しご説明しましょう。原則は、「受け身になる」「情報の入りをふさがない」の2つです。

「受け身になる」「情報の入りをふさがない」が基本

「受け身になる」とはつまり、**情報が向こうからやってくる「仕組み」をつくること。**

それはつまり、「自分から情報をとりにいかないと、必要な情報は入ってこない」という状況から脱却して、**向こうからやってくる情報に身をまかせていれば、自ずと必要な情報が入ってくる状態になる**、ということです。

そのためには、インターネットの場合はメールニュースやRSSを活用するといいでしょう。私が好んで読んでいるのは、Bulknewsという配信サービスで、好きなサイトのニュースを自分のアドレスにメールで配信してくれるシステムになっています。

また雑誌の場合は、定期購読を15誌ほどとっています。これも「受け身」の状態で待っていればいいわけです。

「情報の入りをふさがない」というのは、文字どおり、何でもウエルカムということです。つまり、どんな内容でも入ってくる状態をつくっておくことです。

情報は、放っておくと自分の好きなものに偏ることが多いようです。そうならないためにも、何でも入ってくるようにしていることが必要です。それによって、いろいろな視点や考えを持つことができるからです。

PART___ 4

「仕組み」で考える人はこうしている“7つの習慣”

楽することにこだわる

「仕組み」仕事術の原点は、
「面倒くさい」「やりたくない」。
しかしそこで、「やらない」ではなく
「楽にやる」のがポイントです。
「面倒くさい」を「楽」に変えるために、
自分の仕事に「仕組み」をつくるのです。

シンプルに考える

「仕組み」で考える人は常に、
その仕事の「ポイント」を考えます。
打ち合わせ中、仕事中、いつでも。
ポイントから外れていることは、考えません。
「その仕事を一番楽に、一番早くやるにはどうすればいいか」
そこから仕事を組み立てていきます。

記憶せずに、記録する

記憶力では、人間はＰＣには勝てません。
それをわかっている人は「記憶」に頼らず、
その代わりメモや議事録など、
「記録」を残すことを欠かしません。
そして、自分の頭は、「考えること」だけに使います。

わからないことは聞く

自分より優秀な人間から、どんどん学びます。
自分に専門能力は不要です。
そしてわからないことは、
恥ずかしがらずに経験者に聞きましょう。

自分の時間を、時給で判断する

誰にでも平等なものは、お金ではなく時間です。
時間をいかに効率よく使うかで、成果が変わってきます。
自分が１時間仕事をしたら、いくらかかるでしょうか。
3000円？　10000円？
まず自分の時間単価を知り、それで判断します。
もし自分がやるより他人を雇うほうが効率的なら、
自分では一切やらないことです。

うまくいっている人の真似をする

ひとりの人間の能力や考えなんて、知れています。
それより、成功者の真似をしたほうが絶対速い。
とにかく真似をして、それを吸収したら、
それが自分の能力になる。
ただ、それを繰り返す。そこにプライドは一切不要です。

自分を「型」にはめる

世の中は、自分がつくった「仕組み」で動くか、
他人がつくった「仕組み」で動くか、そのどちらかです。
自分でつくらなければ、
一生、他人がつくった「仕組み」にコントロールされて
生きることになります。
自分を動かすルールは、自分でつくるのです。

LAST

「仕組み」仕事術が目指すもの

「仕組み化」によって、百倍の格差が生じる

本書も佳境に入ってきました。ここで各章のポイントを、ざっと振り返ってみます。

1章では、「仕組み」仕事術の基本的な考え方について説明しました。仕事に「仕組み」をつくるときの鉄則は、「能力や感性に頼らない」「意志の力に頼らない」「記憶力に頼らない」の3つであることをお伝えしました。

2章と3章では、実際に「仕組み」をつくり仕事に役立てている具体的な事例として、私が日々行っている仕事術を紹介しました。「チェックシート」と「TO DOリスト」というツールを活用することで仕事を「仕組み化」すれば、仕事にかかる労力や時間が驚くほど節約できることについても、ご理解いただけたのではないでしょうか。

4章では、ものごとを「仕組み」で考える人の特徴を7つ挙げました。あなたの日々の行動に、適宜取り入れてみてください。それだけでも相当な変化があるはずです。

繰り返しとなりますが、**「仕組み化」は、将来の自分の仕事や時間を買うようなものです。**「仕組み」をつくること自体は、そのときは仕事をひとつ増やしてしまうわけですから、面倒であることは事実です。

しかし、「仕組み化」により仕事の効率を上げて、自分のための時間や「考える系」に費やす時間を増やすことで、新しい仕事も生み出せますし、新しい発想もできる。「仕組み」をつくることで、明るい将来がひらけてゆきます。

日本を代表する経営コンサルタントの大前研一さんは、『即戦力の磨き方』（ＰＨＰビジネス新書）で、現代の経済格差について、こんなことを書かれています。

その人の生み出す付加価値によって、これからは百倍の格差が当たり前になる。

高度な競争社会において、ちょっとした能力の向上や努力で得られる優位は、せいぜい2、3倍といったところでしょう。しかし、「考える」ことによって得られる「付加価値」は、とてつもなく大きいのです。

「仕組み」づくりの第一歩は、まず書き出すこと

2章と3章で紹介した「チェックシート」や「TO DOリスト」の例は、あくまで私や私の会社のスタッフが使っているものです。皆さんはご自身の仕事や状況に応じて、アレンジしてご活用いただければと思います。このように、「リスト化して、あとはそれを機械的に処理していく」という方法は、世の中の仕事の多くに役立つものと思います。

自分の仕事をひとつひとつ書き出して、それをリストにしていくことは、「仕組み」づくりの第一歩です。もし、あなたが今まで目の前の仕事にあくせくとする生活ばかり続いているとしたら……ぜひ、ここから始めてみてください。

また、「仕組み」というのは、一度つくればそれで完璧、ということはありません。時代や状況の変化とともに、仕事に求められる内容や優先順位も、そのつど変わってきます。そうした変化とともに、「仕組み」もつねにアップデートし、より使いやすいものに磨きあげていく必要があります。

しかし、仕事に振りまわされる日常を脱却して、「仕組み」を使いこなし自律的に仕事と向き合うようになっている皆さんにとっては、その作業もまた、楽しいものに感じられるのではないでしょうか。

「仕組み」仕事術とライフハックは違う

ここで話は少し脇道にそれますが、「仕組み」仕事術と一見似ているものに、「ライフハック」があります。どちらも、効率的に仕事を進めるためのものという点では通じるところがありますが、私は、このふたつは実質的に異なる考え方であると考えています。

というのは、本やインターネットなどで見るかぎり、ライフハックは、テクニックの数を増やすことに重きを置いているように感じます。しかし、ただワザを増やせば成果につながるわけではありません。小手先におぼれていては仕事の本質は見えてこないのです。

一方で**「仕組み」仕事術が目指しているのは、仕事の骨組みを検討し、最適な方法を組み立てることです**。テクニックの数ではなく、本当に使えるシンプルな「仕組み」です。どれだけ骨組みを明らかにして、それに見合った方法をつくりだすことができるかどうかです。

その意味で「仕組み」仕事術は、よりシンプルで本質的です。

「仕組み化」すれば、頭の中はいつもすっきり

「仕組み化」がうまく機能すれば、仕事は明らかに楽になります。

まず、「うっかり忘れる」ということがなくなります。必要なことや覚えておくべきことはすべてＴＯ ＤＯリストの中に入っていますから、それを見さえすればいいからです。

そして、「ああ、あれをやらなきゃ、これもやらなきゃ」というあせりやストレスから解放されます。やらなければいけないことは、リストを見さえすれば、いつもすべて確認できるからです。そのリストにあるタスクを処理すれば、おしまいというわけです。もしその日に終わらなかったら、次の日に繰り越す。それを何度か繰り返しても手がつかないようなら、そのタスクを見直して、それでもダメなら、やらない。それだけです。頭の中はいつもすっきりしています。

行きすぎた精神主義からも脱却できます。モチベーションの有無にかかわらず、やるべきことを「仕組み」にしたがって淡々とこなしていくだけですむからです。また119ページでもお話ししたとおり、夢や目標のリマインド効果を利用することで、モチベーションについても自分でコントロールできるようになります。

そして、能力や感性に頼らなくても確実に結果を出せるようになることも、「仕組み化」の効果です。たとえるなら、つねにアクセルを踏みっぱなしにしていなくても、スイスイとカーレースの先頭を走っていられる、そんなイメージです。

このように「仕組み化」によって、仕事は一気に楽になるでしょう。精神的な意味でも、ストレスが驚くほど軽減するはずです。ただしここでは、決して「楽になること」が目的ではありません。それは、あくまでも過程のひとつでしかないのです。

「楽になってどうするか？」……それは「仕組み化」によって捻出した時間を、より生産的なことに使うのです。

いま必要な「考えること」に時間をとることです。この目的意識さえしっかりしていれば、あなたは成功への道をまっすぐに歩んでいることになります。

図19_「仕組み化」が機能するとどうなるか？

- 「うっかり忘れ」がなくなる
- あせりやストレスから解放される
- 根性や気合いに頼らず、「やる気」をコントロールできるようになる
- 能力や感性に頼らずに結果が出る

↓

★ 仕事が一気に楽になる

★ ストレスが起こらなくなる

↓

より生産的なことに時間を使える

自分のお金も「仕組み化」しよう

最後に、私はファイナンシャル教育機関の経営者でもあるので、お金の「仕組み化」についても簡単に触れて、本編を締めたいと思います。

お金に関して効果的なのは、ルーチン化していくことです。たとえば月末に給料が入ったら、そのうちの2割は○○銀行に貯金して、1割は必ず本を買う。そういった「仕組み化」を行い、それを半年、1年などと期間を決めて、ひたすら続けます。そこに気分や感情をさしはさまないのがコツです。そうすれば、どんな人でも、嫌でも結果が出ます。私は3章で紹介したアウトルックを利用して、それをやっています。

ずいぶん地道なことをやっていると思われるかもしれません。しかし、70ページでも言いましたが、「継続は力なり」。当たり前のことを、当たり前に継続するだけで、誰でも結果を出すことができます。

「才能とは、努力を継続する力である」

これは、常に将棋界のトップを走り続ける棋士・羽生善治さんがＮＨＫテレビの「プロフェッショナル仕事の流儀」で話されていた言葉です。

お金も、仕事も、同じことだと思います。続けさえすれば、結果は出せるのです。

あとがき

仕事をしていると、どこかで必ず壁にぶつかります。

それは、どんな職業でも同じですし、あるいは経験を積んで役員になり、経営者になったとしても変わらないようです。

しかし、この「壁にぶつかったとき」こそが、人生のチャンスなのです。

壁にぶつかったという恐怖心や悩みがモチベーションになり、そこから「仕組み」が生まれてくるからです。

「仕組み」をつくるのは、最初は大変です。多くの場合、まずどこから手をつけていいかわかりません。また、「仕組み」をせっかくつくっても、それを活用できずに、結局、労力と時間をかけて一生懸命仕事をしている……そんなことも、よくある話でしょう。

まずはとにかく、何かを真似することから始めましょう。身のまわりにいるデキる上司や先輩たちの真似をするのもいいでしょうし、本書を参考にしていただくのも、もちろん大歓迎です。とにかく何かの真似をして、「仕組み」をたくさんつくっていく。そして、そのつくった「仕組み」で、まずは1回やってみることです。

真似をしたら、たいていはうまくいくものです。そこで、その「仕組み」をベースに、あとは経験を積みながらアレンジを重ねていって、どんどんバージョンアップさせていく。それを繰り返していくうちに、本当に何十倍というスピードで仕事ができるようになるのです。

そしてその空いた時間を、人間が本当にやらなくてはいけないこと――アイディアを考えるなど、クリエイティブな仕事に費やすのです。

「仕組み」で動いている人の大きな特徴のひとつとして、自由な時間を持っていることが挙げられます。

最近私は、事業とは別に、経営者仲間5人と、世界中の事業家を応援するボランティア活動を行っています。

ＪＢＮ（在留邦人ビジネスネットワーク www.jbn.gr.jp）という名前で、ロサンゼルス、ハワイ、シンガポールを始めとする世界中の都市をまわり、チャリティー公演や事業家交流会といったことを行っています。

この5人は、それぞれ「仕組み」を上手に使いこなしている人たちでもあります。

ＪＢＮ（在留邦人ビジネスネットワーク）メンバー紹介

石田淳（いしだ・じゅん）

株式会社ウィルＰＭインターナショナル代表取締役社長兼ＣＥＯ、行動科学マネジメント所長。日本の行動科学マネジメントの第一人者。人材育成と問題解決をすることで出店を加速する独自のマネジメント手法を構築し、5年間で直営90店舗を展開。行動科学に基づくその画期的手法は、多くのメディアの注目を集めている。著書に『短期間で組織が変わる――行動科学マネジメント』（ダイヤモンド社）、『すごい実行力』（三笠書房）、『続ける技術』『やる気を出せ！は言ってはいけない』（以上、フォレスト出版）、『子どもの成績を伸ばす1日10分読書』（PHP研究所）がある。

嶋津良智（しまづ・よしのり）

株式会社リーダーズアカデミー代表取締役社長兼CEO。2回の株式上場体験を活かし、次世代リーダーを育成する教育機関・リーダーズアカデミーを設立。日本、シンガポール、アメリカで会社経営に参画する傍ら、独自メソッドの「上司学」を打ち出し、各企業の業績向上の支援に努める。主な著書に『雨がふってもよろこぼう！』（フォレスト出版）、『あたりまえだけどなかなかできない　上司のルール』（明日香出版）、『だから、部下がついてこない！』（日本実業出版社）がある。

鮒谷周史（ふなたに・しゅうじ）

有限会社セカンドステージ代表取締役社長。大阪府出身。株式会社リクルート、米大手通信会社ワールドコム日本法人を経て起業。独自の「かけ算思考」でビジネスを飛躍的に成長させ、起業3年で会社員時代からの年収を約20倍に伸ばす。一流経営者との交流を通した学びを綴る日刊配信のメルマガ「平成・進化論。」は、経営者、若手ビジネスパーソンなど約30万人から絶大な支持を得ている。現在は、IT関連を中心として有望ベンチャー企業十数社に出資する投資家として活躍するほか、それらの会社の社外取締役、顧問などとして経営サポートも行っている。著書に『仕事は、かけ算。』（かんき出版）がある。

本田直之（ほんだ・なおゆき）

レバレッジコンサルティング株式会社代表取締役社長兼CEO。シティバンクなどの外資系企業を経て、バックスグループの経営に参画し、常務取締役としてJASDAQへの上場に導く。現在、日米のベンチャー企業への投資事業を行うと同時に、少ない労力で多くの成果をあげるためのレバレッジマネジメントのアドバイスを行う。東京、ハワイに拠点を構え、年の半分をハワイで過ごす。著書に『レバレッジ・リーディング』『レバレッジ・シンキング』（以上、東洋経済新報社）、『レバレッジ時間術』（幻冬舎新書）、『レバレッジ勉強法』（大和書房）、『レバレッジ人脈術』（ダイヤモンド社）、訳書に『パーソナルブランディング』（東洋経済新報社）がある。サンダーバード国際経営大学院MBA、（社）日本ソムリエ協会ワインアドバイザー。

泉正人（いずみ・まさと）

（プロフィール別記）

それぞれが「仕組み」をつくり、その「仕組み」で自分を動かし、チームを動かし、そして会社を経営している。そんな「仕組み」づくりの達人たちだからこそ、多くの仕事を短期間でこなし、自由な時間を持っているのだと思います。

「仕組み」があれば、自分の時間も今より多く持てるようになります。

最初こそ「仕組み」づくりという面倒な作業はありますが、それとは比べものにならないくらい、大きなリターンが得られるのです。

そして何をやっても続かなく、怠け者であったハズの私でも、今では何でも続けられますし、面倒なことほど先にこなしてしまうというクセまでつきました。

「仕組み」によって自分自身が成長し、そして、それによってできた時間に出会った仲間と過ごす時間は、人生において、かけがえのない資産になるでしょう。

この本を読んでいただいたあなたが、どうか「仕組み」の良さを知っていただくとともに、それぞれが自分自身の豊かなライフスタイルを築くための「仕組み」仕事術をつくっていただきたいと、心から願っています。

２００８年2月　著者記す

最少の時間と労力で最大の成果を出す「仕組み」仕事術

発行日　2008年3月15日　第1刷
　　　　2008年4月5日　第4刷

Author	泉正人
Produced by	レバレッジコンサルティング株式会社
Book Designer	渡邉民人　高橋明香（TYPEFACE）
Illustrator	渡辺鉄平　.コバヤシ
Publication	株式会社ディスカヴァー・トゥエンティワン 〒102-0075　東京都千代田区三番町8-1 TEL　03-3237-8321（代表） FAX　03-3237-8323 http://www.d21.co.jp
Publisher	干場弓子
Editor	千葉正幸
Promotion Group Staff	小田孝文　中澤泰宏　片平美恵子　井筒浩　千葉潤子　早川悦代 飯田智樹　佐藤昌幸　横山勇　鈴木隆弘　大薗奈穂子　山中麻吏 吉井千晴　山本祥子　空閑なつか
Assistant Staff	俵敬子　町田加奈子　丸山香織　小林里美　冨田久美子　井澤徳子 古後利佳　藤井多穂子　片瀬真由美　藤井かおり　三上尚美 福岡理恵　長谷川希
Operation Group Staff	吉澤道子　小嶋正美　小関勝則
Assistant Staff	竹内恵子　畑山祐子　熊谷芳美　清水有基栄　鈴木一美　田中由仁子 榛葉菜美
Creative Group Staff	藤田浩芳　原典宏　橋詰悠子　三谷祐一　石橋和佳　大山聡子 田中亜紀　谷口奈緒美　大竹朝子
Proofreader	文字工房燦光
Printing	大日本印刷株式会社

ISBN978-4-88759-611-5